(ADELE

ADELE

Chas Newkey-Burden

tradução
Carolina Caires Coelho

LeYa

Copyright © 2010 Chas Newkey-Burden
Todos os direitos reservados.
Tradução para a língua portuguesa © Texto Editores Ltda., 2012
Título original: ADELE. THE BIOGRAPHY

diretor editorial PASCOAL SOTO
editora MARIANA ROLIER
produtora editorial SONNINI RUIZ
assistente editorial CAROLINA RODRIGUES PROENÇA

preparação de texto SILVIA CARVALHO DE ALMEIDA
revisão BETE ABREU e LUCIANA MOREIRA
projeto gráfico, diagramação e capa SCINTILLA LIMA
Imagem de capa ©Jason Joyce/Corbis Outline/Corbis/Latinstock

1ª Reimpressão

Dados Internacionais de Catalogação na Publicação (CIP)
(Câmara Brasileira do Livro, SP, Brasil)

Newkey-Burden, Chas
   Adele / Chas Newkey-Burden ; tradução Carolina
Caires Coelho. -- São Paulo : Leya, 2011.

   Título original: Adele : the biography.
   ISBN 978-85-8044-367-7

   1. Adele 2. Cantoras - Inglaterra - Biografia
I. Título.

11-11492   CDD-780.092

Índices para catálogo sistemático:
1. Cantoras inglesas : Biografia   780.092

Texto Editores Ltda.
Uma editora do Grupo LeYa
Rua Desembargador Paulo Passaláqua, 86
01248-010 - Pacaembu - São Paulo - SP
www.leya.com

AGRADECIMENTOS

A John Blake, Lucian Randall,
Michelle Signore e Alanah Mudie.

INTRODUÇÃO: 9

CAPÍTULO UM: BABY BLUE 15

CAPÍTULO DOIS: A BRIT 39

CAPÍTULO TRÊS: HEROÍNA DA CIDADE 55

CAPÍTULO QUATRO: *19* 93

CAPÍTULO CINCO: UM SONHO AMERICANO 109

CAPÍTULO SEIS: A CHAVE DE OURO 135

CAPÍTULO SETE: ALGUÉM COMO NÓS 155

CAPÍTULO OITO: AS VÁRIAS FACES DA FAMA 167

FOTOS 197

(INTRODUÇÃO)

Adele trabalhava aos domingos no café de sua tia em Haringey, norte de Londres. Enquanto a adolescente atendia os clientes nas mesas, o rádio anunciava a parada de sucessos. Ela tentava imaginar como seria ter a própria música entre as mais tocadas. Aos 22 anos, ela figuraria no topo das paradas do mundo todo.

Sua influência é imensa: foi nomeada a pessoa mais poderosa da música quando apareceu em primeiro lugar na lista Music Power 100, do *The Guardian*. Para se ter uma ideia, o poderoso Simon Cowell levou o terceiro lugar. Adele tem vendido milhões de álbuns no mundo todo, ganhou diversos prêmios, incluindo muitos Grammy e um Brit, e, assim, merecidamente foi coroada rainha da indústria da música – e tudo apenas três anos depois de lançar seu primeiro single. Ao longo desse tempo, acumulou uma fortuna de cerca de seis milhões de libras.

São a autenticidade e a sinceridade de seu trabalho que atraem: não há artifícios, apenas muita alma. Com letras totalmente autobiográficas que de modo simples, porém forte e às vezes doloroso, contam sobre suas decepções amorosas, ela tocou os fãs de música. Como fã, Adele afirma não gostar de letras preguiçosas. "Veja, eu odeio, na verdade me sinto ofendida, com letras literais e fáceis que simplesmente são escritas porque rimam, sem serem pensadas", ela disse. Apesar de seus padrões elevados valerem a pena, eles têm um preço emocional. Lembre-se, por um momento, do modo com que canções como "Someone Like You" fazem você se sentir; causam arrepios, fazem você sentir afinidade, deixam os olhos marejados e os lábios trêmulos. Agora tente imaginar como é emocionalmente desgastante *cantar* essas músicas, noite após noite, numa turnê.

"É muito difícil", Adele conta. Ela desenvolveu mecanismos para lidar com as emoções, incluindo pensar em coisas simples enquanto canta – a loja de móveis Ikea é um dos pensamentos que distraem. O desafio de apresentar ao vivo esses materiais é compensado pelas recompensas. "Qualquer coisa que eu considere difícil se transforma quando vejo como as pessoas reagem à minha música. Adoro quando uma esposa arrasta o marido a um show e ele fica ali, parado como uma estátua. Você passa a noite toda tentando encantá-lo e, no fim do show, ele está beijando a esposa. É maravilhoso."

Adele tem uma personalidade maravilhosa: existe um grande contraste entre a artista e a mulher. Apesar da grande tristeza de sua música, ela permanece surpreendentemente feliz e satisfeita com sua vida pessoal. Seu riso alto e marcante é um traço interessante e constante de sua comunicação simpática e eloquente. Longe de ser uma pessoa melancólica e deprimida, as pessoas que a conhecem costumam dizer que ela ri mais do que ninguém. Por isso é uma personalidade atraente. Quando ela cumpriu a difícil e por vezes desgastante agenda de programas de rádio e televisão norte-americanos, pelos quais qualquer artista estrangeiro precisa passar para "entrar nos Estados Unidos", agradou tanto os grandões da indústria que, além de quererem promover sua música – "uma decisão óbvia para nós", segundo um deles –, eles também queriam sair para beber e se tornar amigos dela.

Sua posição em relação a tudo, desde a fama até a vida amorosa, é sempre inesperada. Certa vez, ela se lembrou de quando um fã enviou, pelo correio, um *crispy tissue*, uma massa fina e salgada de farinha, que pode ser recheada. "Ah, você mandou um *crispy tissue* pra mim? Ei, vamos nos casar e ter filhos!."

A sinceridade dela já é famosa. Quando perguntaram quando a inspiração costuma vir para escrever uma música nova, ela disse que costuma acontecer quando se levanta da cama para fazer xixi de manhã. Também perguntaram a ela o que faria se um parceiro a chamasse de gorda. "Eu o mataria", foi a resposta. Descobriu que havia ganhado um Grammy quando voltava do banheiro. Não tinha sequer fechado o cinto. As plateias costumam se divertir com o bom humor que ela demonstra no palco, incluindo as piadas maliciosas. "Como se chama uma loira de cabeça para baixo?", ela perguntou, certa vez. "Uma morena com mau hálito." Excesso de informação? Sempre tem mais. Explicando por que não utiliza a rede social de microblog Twitter, na qual muitas estrelas da música são viciadas, ela respondeu: "Não quero escrever 'Ah, estou no banheiro... o jantar de ontem estava apimentado demais'. Isso é nojento".

Apesar de ser confiante e direta, também é humilde e centrada. Não aceita a descrição de "cantora". "Sempre digo que sou uma moça que canta e não uma cantora. Cantora é uma palavra muito grande para mim. Minha interpretação de cantora para mim é Etta James, Carole King e Aretha Franklin." Quando perguntaram o que ela teria feito se não tivesse se dedicado à música, ela disse: "Se eu não cantasse, seria uma faxineira; adoro limpar".

As canções de Adele documentam os dramas reais e as decepções pelas quais passou: seus dois discos falam sobre rompimentos dolorosos, e ela disse que as músicas do segundo álbum, *21*, nasceram como "reclamações do diário de uma embriagada". São reclamações que passaram a ser a trilha sonora de nossa época, o que a surpreendeu. Adele pensou que fosse a única pessoa a lidar com problemas assim. Quando começou a cantar para o mundo a respeito de suas emoções, descobriu que milhões de pessoas compartilhavam dos mesmos sentimentos. Quando percebeu que suas músicas deixavam milhões de pessoas se sentindo menos desoladas, ficou feliz pelo feito. "Parece que minha missão está cumprida", ela disse.

E muito bem cumprida. Seu segundo álbum vendeu mais de três milhões de cópias e virou disco de platina dez vezes. Ela é a primeira artista, em quase 50 anos, a ocupar as cinco primeiras posições das paradas de sucesso com dois singles e discos ao mesmo tempo. Chegou ao topo das paradas em 18 países, até agora. A menina londrina faz muito sucesso nos Estados Unidos, onde tem um álbum campeão de vendas, onde já se apresentou em programas importantes, como *Saturday Night Live*, e recebeu dois prêmios Grammy em 2009. As vendas decolaram, mas ela continuou com os pés no chão. Por exemplo, nos bastidores do programa de Nova York, *The Late Show with David Letterman*, alguém disse que seu camarim era meio pequeno. Adele não aceitou aquilo. "Não se deve reclamar por causa de um camarim", ela disse, e quando voltou a Londres, só queria ir ao parque com suas amigas de longa data, para conversar e beber cidra.

Como veremos, ela fica total e fisicamente nervosa antes das apresentações ao vivo. Quando está no palco com o microfone na mão, a ansiedade desaparece. "Eu me sinto mais à vontade em uma apresentação do que andando pela rua. Adoro entreter as pessoas. É uma coisa incrível que as pessoas gastem seu dinheiro suado, independentemente da quantia, para passar uma hora de seu dia me assistindo. Sei que a responsabilidade é gigantesca." Em suas apresentações ao vivo, existe pouco limite emocional entre Adele e seus fãs. Você deve amá-la por saber que, apesar de todo o sucesso e fama, ela é alguém como você.

Conheça sua incrível história.

BABY BLUE
CAPÍTULO UM

"As pessoas acham que saí da barriga da minha mãe cantando 'Chasing Pavements'", reclama Adele. É preciso ter cuidado ao falar de seus primeiros anos de vida. Por exemplo, não tente dizer que ela "nasceu para cantar". Ela não suporta esse tipo de conversa. "Até parece, ninguém nasce para cantar", costuma falar.

Adele Laurie Blue Adkins chorou, e não cantou, quando nasceu, em 5 de maio de 1988, em Londres. A trilha sonora daquele ano incluía Bros perguntando "quando seriam famosos", Rick Astley prometendo "nunca desistir de você" e Michael Jackson começando com "o homem no espelho".[1] Em outros lugares, as pessoas dançavam em porões ao som de *acid house*, e, no estádio de Wembley, dezenas de milhares de pessoas reivindicavam a liberdade de Nelson Mandela. Nos próximos anos, quando futuras celebridades forem descritas, os sucessos mundiais de Adele serão usados como referência cultural da época. As pessoas sentirão orgulho por terem nascido quando canções como "Someone Like You" eram tocadas nas rádios.

A mãe de Adele, Penny Adkins, tinha 18 anos quando deu à luz a filha, ou "18 e meio", como Adele coloca, de modo mais preciso. Adele foi a primeira – e até agora – única filha de Penny. Pouco tempo antes de se tornar mãe, Penny foi incentivada a sair de casa pelos próprios

---

[1] Os trechos entre aspas se referem a nomes de músicas dos artistas mencionados: "When Will I Be Famous (Bros), "Never Gonna Give You Up" (Rick Astley) e "Man In The Mirror" (Michael Jackson). (N. da T.)

pais, que acreditavam piamente que os filhos se beneficiariam se aprendessem a se virar sozinhos, da maneira mais difícil. "Foi o que fizemos com todos os nossos filhos", afirma a mãe de Penny, Doreen. "Eles precisavam aprender a viver." Essa foi uma regra que Doreen aplicou para todos os seus filhos e tem visto os resultados. "Todos os meus filhos trabalham. A família toda tem emprego. Foi preciso colocá-los no mundo, e ninguém foi prejudicado por isso." Esse senso de independência, força e ambição também foi transmitido a Adele por Penny.

Doreen revela que não ficou chocada quando Penny confessou a ela que estava grávida. O pai de Adele, Mark Evans, e Penny se separaram quando Adele tinha apenas três anos. Assim, Adele diz que Evans "nunca esteve presente". O envolvimento dele na vida da filha é um assunto controverso. Ela descreve o pai como um "galês forte que trabalha nos portos e tal". Ela não se ressente da falta de relacionamento com ele. "Tudo bem, não tenho a sensação de que há algo faltando", declara. "Algumas pessoas fazem um drama por terem sido criadas por apenas um dos pais, mas eu conheço muitas outras que cresceram sem nenhum dos dois por perto."

Penny, na época uma estudante de arte, conheceu Evans em um pub ao norte de Londres, em 1987. Para Evans, foi "amor à primeira vista". Logo eles começaram a namorar e, poucos meses depois, Penny engravidou de Adele.

Evans diz que a gravidez não foi planejada. Ambos estavam determinados, naquele momento, a melhorar sua situação de vida. Na ocasião, ele pediu a namorada em casamento. "Sabia que queria passar o resto da vida com Penny, por isso a pedi em casamento", afirma. "Ela recusou, dizendo que éramos jovens demais para nos casarmos." Apesar de ter se separado de Penny no início da vida de Adele, Evans alega ter certa influência no gosto musical da filha. "Eu passava as noites deitado no sofá, com Adele em meus braços, ouvindo as minhas músicas favoritas: Ella Fitzgerald, Louis Armstrong, Bob Dylan e Nina Simone. Eu colocava aqueles discos para tocar todas as noites. Tenho certeza de que isso moldou o gosto musical de Adele." Evans acredita que seu amor pelo blues também influenciou, em parte, a escolha do nome da menina. "A música que eu adorava – e que adoro até hoje – foi o que me deu a ideia para o segundo nome dela, Blue. Sempre penso em Adele como Blue." Houve momentos de afeto entre pai e filha. Uma foto de infância mostra Evans orgulhoso, carregando a filha, que vestia um macacão e botas vermelhas. Ela parece fascinada pela câmera. Hoje em dia, o fascínio é ainda mais forte... mas na direção oposta.

Quando Evans terminou o relacionamento com Penny, voltou para o País de Gales. Lá, se envolveu nos negócios da família, ajudando o pai, John, que comprara uma cafeteria em Barry Island. É o mesmo local que aparece no famoso programa de comédia da BBC, *Gavin & Stacey*. "Eu lembro que ela foi passar o verão comigo, depois de seu quarto aniversário, e levou o pequeno violão que adquirira em uma instituição de caridade. Disse que estava aprendendo a tocar sozinha, ouvindo as músicas de blues que escutávamos em minha vitrola, e tentava tirar o som." Sempre que encontrava Adele, Evans percebia que sua habilidade musical havia melhorado muito. "Poucos anos depois, ela começou a cantar enquanto tocava, e eu me lembro de ter pensado 'Meu Deus, Adele tem talento. Será uma grande estrela um dia'." Um amigo dele, que era produtor musical, também elogiou as habilidades vocais da menina quando a ouviu cantar. Sentiu que sua voz tinha beleza e força. Incentivou-a a gravar-se cantando "Heart of Glass", do Blondie. Além das habilidades musicais, Adele praticava as líricas: começou a escrever poesia quando ainda era pequena.

A família de Evans ficou chocada ao saber da gravidez. Mas prometeram ajudar a cuidar da criança, apesar da separação. Penny e Adele frequentemente passavam fins de semana na casa da família, em Penarth, perto de Cardiff. Às vezes, segundo Evans, eles faziam caravanas pela costa galesa durante as férias de verão de Adele. Seu avô paterno, em especial, fez um grande esforço para ajudar a criar a menina. "Ele gostava muito da minha mãe e, como meu pai não estava mais na vida dela, eles a adotaram totalmente", Adele relembra com carinho.

"Acho que meu pai foi o maior modelo de conduta para Adele", afirma Evans. O sentimento era mútuo. John idolatrava Adele, sua primeira neta. "Eles passavam muito tempo juntos, só os dois. Adele passava grande parte do verão com meus pais, e, na maior parte do tempo, meu pai brincava e conversava com ela, mostrava os lugares a ela." Com isso, Adele praticamente cultuava o avô.

"Eu o pintava como um Deus em minha vida", diz. É interessante notar que Amy Winehouse – que frequentou a mesma escola que Adele e foi uma enorme influência em sua música – também era muito próxima de um dos avós. No caso, era a sua avó Cynthia, cuja morte foi um fator importante na decadência de Winehouse, a partir de 2006, segundo afirmam.

Adele faz questão de relembrar os sacrifícios que Penny fez por ela. "Ela engravidou de mim quando deveria estar entrando na faculdade, mas escolheu me assumir. Ela nunca jogou isso na minha cara. Mas eu procuro me lembrar sempre." Sua mãe tem um lado criativo que Adele descreve como "meio artístico". Ela realiza diferentes projetos em diversas áreas, inclusive de arte, pois cria móveis, organiza atividades para adultos com necessidades especiais e também é massagista. Adele e a mãe sempre foram muito próximas. "Unha e carne", segundo Adele. "Ela é o amor da minha vida." Uma das coisas que aproximaram Adele da mãe foi o fato de Penny ter uma ótima perspectiva de vida. Adele descreve a mãe como o tipo de pessoa que tem grande influência na vida dos filhos que se tornam bem-sucedidos ainda jovens. "Ela não se preocupa com coisas pequenas. Nunca se mostra desapontada, mesmo quando eu sei que deve estar. Você sabe como os pais são: 'Não estou brava, estou desapontada'. Assim, de repente. Ela não é assim. É honesta, sincera e me dá muito apoio."

Adele cresceu tendo o novo parceiro de Penny como padrasto, e logo se aproximou dele. Também tem um meio-irmão chamado Cameron. Os meios-irmãos se uniram como se fossem irmãos por parte de pai e mãe. "Ele parece meu irmão gêmeo. Somos idênticos, temos o mesmo cabelo e tudo", segundo Adele. Até hoje, eles encontram afinidades. "É esquisito porque vivemos em cidades diferentes, mas, quando nos encontramos, é como se não tivéssemos passado nem um dia de nossas vidas separados", explica. "De cara eu já começo a perturbá-lo, e de cara ele começa a me xingar. É incrível, imediato. Ele é adorável. Muito tímido, e essa é a única diferença." Apesar da ausência do pai, Adele nunca se sentiu sozinha, em parte porque a mãe tem uma família grande. "Há 33 parentes do lado da família da minha mãe." De fato, ela é uma dos 14 netos de quem sua avó materna se orgulha.

Muitos desses parentes são do sexo masculino, por isso ela nunca sentiu falta de figuras paternas não oficiais. "Somos todos muito bagunceiros." Esse traço fica aparente com frequência em suas entrevistas e em seus discursos no palco, entre uma música e outra. Sempre gostou de visitar os primos, e muitos deles moravam perto. Na companhia deles, ela conseguia ter a sensação de fazer parte de uma família grande, com todas as alegrias, tribulações e outras situações envolvidas. Então, quando voltava para casa, retomava o prazer de ser – de fato – filha única. Era uma situação estranhamente agradável para ela. "Eu ficava com eles, sempre brigando e detestando compartilhar as coisas, e então voltava para casa, onde tinha o meu quarto arrumadinho, brinquedos inteiros e ninguém querendo pegar a minha Barbie", comenta. "Era como ter a melhor parte de dois mundos." Certamente ela se sentia à vontade como filha única. Em qualquer situação, ela se dava por satisfeita quando podia assumir o controle do processo. "Quando estava construindo um castelo de Lego, eu o fazia sozinha."

Ela tem essa mesma vontade de controlar atualmente, quando escreve letras. Analisando sua vida até hoje, ela às vezes se questiona se sua condição de filha única contribuiu para sua capacidade de escrever. Por ser alguém que raramente lê um livro, já parou para se perguntar por que tem tanto talento com a caneta. "Não sei se é porque sou filha única, mas nunca, nunca fui boa em dizer como eu me sentia em relação às coisas. Desde os 5 anos, quando era repreendida por não saber dividir as minhas coisas, por não limpar o quarto ou por responder à minha mãe, eu sempre escrevia um bilhete para pedir desculpa." Adele descobriu que sabia se expressar muito melhor com a caneta em punho. De fato, muitas das letras que ela escreveu desde então podem ser consideradas cartas de tristeza e lamento. Seu primeiro sucesso foi escrito nas mesmas circunstâncias dos bilhetes da infância: logo depois de uma briga com a mãe.

Mas, no começo, seus sonhos não eram musicais. Adele queria ser jornalista de moda ou cirurgiã cardiovascular. Suas ambições com relação ao jornalismo também coincidem com as de Amy Winehouse, que trabalhava em uma agência de entretenimento antes de fazer fama como cantora. O caminho pela medicina não seria uma surpresa para os astrólogos. Ela nasceu sob o signo de Touro, considerado um dos signos mais fortes. O taurino costuma ser calmo, constante, quase nunca estressado ou irritado com a vida. Se Adele fosse assim tão séria, então sua vida e seus sentimentos poderiam formar uma série de músicas populares com pouco drama, ao contrário dos temas tristes sobre os quais ela escreve. Foram sua natureza emotiva e sua vida agitada que ajudaram a dar tanta ênfase à sua imagem e música. Um taurino também é teimoso, e esse traço é muito mais simples de ser identificado em nossa heroína. Trata-se de um signo extremamente sincero, o que combina com a natureza direta e honesta de Adele. Em entrevistas, ela costuma soltar frases explosivas e algumas delas já lhe renderam problemas e, claro, seu comportamento desbocado no palco também já é velho conhecido.

O bairro no qual Adele cresceu fica a quase dez quilômetros a norte do centro de Londres, na região de Haringey. Tottenham é um bairro multicultural – de acordo com os pesquisadores da University College London, o lado sul é a área de maior diversidade étnica no Reino Unido. Cerca de 113 grupos étnicos diferentes vivem ali, falando aproximadamente 193 idiomas diferentes. Assim, ela cresceu em meio a uma grande e rica variedade de vistas e sons.

Em 2010, Tottenham teve o maior índice de desemprego na capital, o oitavo mais alto do Reino Unido. Ocorreram diversos conflitos entre a polícia e partes da comunidade da região. Esses conflitos lembraram as revoltas ocorridas na propriedade Broadwater Farm, em 1985. O problema começou quando uma mulher afro-caribenha, Cynthia Jarrett, morreu durante uma busca policial em sua casa. No dia seguinte, ocorreu uma disputa entre a polícia e os jovens da região. Foi a primeira vez que o fogo foi usado por protestantes no Reino Unido. No ápice da violência, um policial chamado Keith Blakelock foi esfaqueado e morreu. Houve controvérsia a respeito de quem era o criminoso, e os três acusados acabaram sendo soltos. Em agosto de 2011, mais intranquilidade tomou conta de Tottenham, quando a morte de Mark Duggan, em uma operação policial, causou revoltas e saques que se espalharam por todas as partes do Reino Unido.

Adele torce para o time de futebol da região, o Tottenham Hotspur, e insiste que não é apenas mais uma celebridade querendo aumentar a fama da equipe. "Sou uma fã dos Spurs, de verdade." Ela está prestes a se tornar a pessoa mais famosa de Tottenham, e fica feliz com isso. "Não sou uma falsa moradora de Tottenham, pois nasci lá", afirma, com orgulho.

Entre as pessoas que nasceram no bairro e que tiveram sucesso na indústria da música estão o rapper e produtor Rebel MC, Dave Clark, da banda Dave Clark Five, dos anos 1960, e o cantor pop Lemar.

Uma das primeiras cantoras que Adele admirou foi Gabrielle, cujo nome completo é Louisa Gabrielle Bobb. Nascida a poucos quilômetros, em Hackney, Gabrielle foi descoberta depois de gravar uma fita demo cantando o sucesso "Fast Car", de Tracy Chapman. Depois de assinar um contrato com uma gravadora, Gabrielle logo se tornou uma artista de sucesso e ícone pop, graças a seu tapa-olho. Seu single de estreia, "Dreams", alcançou o primeiro lugar nas paradas quando Adele tinha cinco anos e rapidamente se tornou um dos favoritos da menina de Tottenham. Nessa época, ela já era fascinada por música e, em especial, estava "obcecada por vozes". Ela percebia a variação de emoções que a voz humana conseguia expressar numa música: "Eu costumava prestar atenção em como os tons mudavam, passando de raivosos para animados, felizes para tristes". Ela realmente foi uma fã precoce de música: compreendia a música emocional e intelectualmente desde muito cedo.

Era uma criança bonita: uma foto sua aos quatro anos, no dia de Natal, mostra uma menina bem-vestida com cabelos claros, na altura do pescoço, e uma expressão graciosa e levemente nervosa.

Sempre havia música em sua casa, mesmo depois da mudança do pai. Adele cresceu ouvindo músicas mais modernas e variadas do que teria feito se sua mãe fosse mais velha. Penny amava a música com a intensidade de uma adolescente com quase trinta anos. Entre seus artistas favoritos, estavam 10.000 Maniacs, The Cure e Jeff Buckley – Penny colocava música para tocar em casa noite e dia. Quando Adele tinha apenas 3 anos, Penny a levou para seu primeiro show. Elas assistiram ao The Cure no Finsbury Park. Adele mais tarde gravaria um cover de "Lovesong", da banda. Penny também permitia que a filha ficasse acordada até tarde nas noites de sexta-feira para assistir aos programas de música ao vivo da BBC, apresentados pelo próprio barão dos pianistas *boogie-woogie*, Jools Holland. Todas as semanas, o conhecimento e os gostos musicais de Adele melhoravam. Logo, ela pôde acrescentar Destiny's Child, Lauryn Hill e Mary J. Blige à lista de artistas que acompanhava.

Não é de surpreender que Adele logo passou a amar música não apenas num nível emocional, mas também intelectual. Era um amor sincero. "Por mais tolo que pareça, eu estava em Tottenham, nunca tinha saído do Reino Unido e tinha a impressão de que podia ir a qualquer lugar do mundo e conversar com qualquer outra criança de oito anos e ainda ter algo sobre o que falar", afirma. "Eu me lembro de ter percebido que a música unia as pessoas, e eu adorava essa sensação e encontrava muito conforto nisso. Um sentimento de euforia." Ela também achava que a música podia dar-lhe uma emoção totalmente contrastante. A primeira música que a fez chorar foi "Troy", de Sinead O'Connor. Era a música favorita de sua mãe. Adele chorou ao ouvi-la pela primeira vez e se chocava com a emoção causada. Tem uma produção esparsa até o clímax, mas é a execução forte e emocionada que toca a alma. Seria dessa forma que a menina se comportaria com a música.

Mal podia saber, ao ouvir "Troy" pela primeira vez, que a sua própria música, um dia, provocaria comoção parecida em seus fãs. De fato, um dia deixaria muitos dos milhões que a assistiram cantar no Brit Awards boquiabertos, tocados pela força de suas letras e de sua execução.

No entanto, Adele não se contentava apenas em ouvir as músicas populares diversas vezes apenas como fã. Começou a cantar com elas, especialmente "Dreams", de Gabrielle. Claro que ela não era a única adolescente a admirar a cantora, mas mesmo naquela época ficou claro que Adele tinha talento vocal. Quando Penny escutou a filha cantando, percebeu que ela tinha algo especial. A maioria dos pais manda os filhos daquela idade para a cama quando recebem amigos em casa para o jantar, mas Penny sentia orgulho demais de sua menina e queria exibir seus atributos musicais impressionantes. Às vezes, pedia para a filha fazer uma apresentação para os convidados. Mais de uma vez, ela colocou a menina de cinco anos em cima da mesa do jantar e a incitava a cantar canções, incluindo "Dreams". Adele nunca duvidou do orgulho que a mãe sentia. "Ela me considerava incrível." Também ocorriam apresentações no quarto de Adele. Ali, as habilidades criativas de Penny apareciam. "Minha mãe é meio artística. Ela tinha muitas lâmpadas e acendia todas elas para criar um grande holofote", conta. Os amigos de Penny se reuniam no quarto, sentados na cama, para ouvir a bela voz da menina. Não era de surpreender que Penny sentisse tanto orgulho. Posteriormente, Adele também cantava músicas das Spice Girls. A banda britânica se tornou uma das favoritas da menina, desde os primeiros sucessos, e as letras a faziam rir. "[Eram todas] com conotação sexual – adoro", revelou à revista *Q*.

As Spice Girls não causam vergonha em Adele. Ela tem orgulho de ser fã do grupo *girl power*. "Apesar de as pessoas acharem que elas não são bacanas, nunca sentirei vergonha de dizer que amo as Spice Girls, porque elas me fizeram ser quem sou", confessa. "E estou falando muito sério. Comecei a me interessar por música quando elas faziam muito sucesso." Sua integrante favorita era Geri, mas quando a ruiva deixou o grupo, ela passou a gostar mais de Mel C. "Quando eu era pequena, planejei ir ao show delas em Wembley como Geri, mas, antes disso, ela saiu do grupo", declarou à revista *Now*. "Tive de ir como Mel C., mas nunca fui esportista como ela. Não perdoei Geri por ter feito aquilo. Ela era a minha Spice Girl preferida, mas me decepcionou, por isso agora sou a Scary[2] Spice

---

[2] Scary pode ser traduzido como "assustadora". (N. da T.)

Girl." O simples fato de a identidade de sua integrante favorita ser tão importante mostra o quanto Adele adorava a banda-sensação da música dos anos 1990.

Ela nunca sentiu tanto orgulho de seu interesse pelas Spice Girls como agora. "Eu era uma menina bem *indie*", disse ao *Observer*. "Mas eu ia para casa e ouvia Celine Dion, em segredo." Mais tarde, foi a um show de reunião das Spice Girls e sentiu-se de volta à infância. "Adorei! Ver todas elas foi como ser criança de novo." Também foi a um show de outra banda pop da qual gostava na infância – a *boy band* East 17. "Eu os adorava", revela. Outras influências de sua adolescência foram as Pussycat Dolls e Britney Spears.

Em pouco tempo, Adele não apenas ouvia esses cantores como também tentava imitá-los. Mas ela não fazia como muitas adolescentes que cantam na frente do espelho segurando uma escova de cabelos; Adele estava tentando cantar de verdade e encontrou plateias animadas com suas primeiras apresentações.

Penny não tinha dinheiro, mas dava muito apoio emocional e incentivo à filha. "Eu fui uma daquelas meninas que diziam: 'Eu quero ser bailarina'... 'Não, quero ser saxofonista'... 'Não, a moça da previsão do tempo'. E minha mãe me levava a todas as aulas. Sempre dizia: 'Faça o que quiser e, se você estiver feliz, também estarei'." Quando Adele pediu para a mãe comprar um tapa-olho com lantejoulas, como o de sua querida Gabrielle, Penny atendeu ao pedido com prazer. O acessório não durou muito nas mãos da criança. Um dia depois de ganhá-lo, alguém tirou sarro de Adele na escola e ela o deixou de lado. Em algumas entrevistas, ela afirma que usou o acessório por causa de Penny.

Na infância de Adele, houve certo atrito comum e perfeitamente normal entre mãe e filha. Apesar de sempre terem tido uma ligação forte, Adele teve momentos em que quis se rebelar contra a mãe. Isso ficou evidenciado, em parte, quando o assunto eram os gostos musicais de Penny, e a reação de Adele a eles. "Mesmo quando eu tinha 10, 11 anos, sabia que minha mãe tinha um ótimo gosto musical; só não estava pronta para assumir isso", admite. "Agora, aqueles artistas são os meus favoritos."

É claro que muitas pessoas de vinte e poucos anos se lembram de como se rebelavam contra os gostos e atitudes dos pais, e passam a admitir que hoje reconhecem o valor e a sabedoria contidos neles.

Quanto a Penny, ela parou para analisar, ao ouvir a Adele criança cantando, como a menina se conectava aos temas muito adultos da música. Um dia, ela ouviu Adele cantando a música "Ex-Factor", de Lauryn Hill. Como a filha ainda nem adolescente era, Penny lhe perguntou quantas letras de músicas que falavam sobre o trauma de um rompimento amoroso ela compreendia. A intensidade com que Adele cantava atiçou a curiosidade de Penny. "Você sabe sobre o que essa música fala?", perguntou à filha, que admitiu não saber, mas afirmou *querer entender*.

"Eu me lembro de ler os encartes dos álbuns, e ninguém hoje em dia coloca as letras no encarte, mas eu lia letra por letra e não entendia nem metade delas, e pensava: 'Quando vou me sentir assim?', 'Quando vou conseguir escrever e cantar desse jeito?'", revela Adele.

Quanto à educação, a escolha da escola teria mais influência em sua crescente paixão por música por um motivo especial: ela era quase a única pessoa branca. Mas não se importava nem um pouco. "Parei de me dar conta disso depois de um tempo", diz. Não era um problema, e sim algo positivo. Dessa forma, conheceu o melhor do soul logo cedo. "Foi pela mãe de uma amiga que tomei conhecimento do trabalho de Mary J. Blige e dos Fugees, e coisas assim. Acredito que, se não fosse isso, eu provavelmente não me interessaria pelo R&B que não estivesse nas paradas de sucesso."

Sua educação musical foi excelente nos primeiros anos de vida: em casa, a mãe tocava as músicas *indie*, escutava o pop no rádio e, graças a suas colegas de escola, aprendeu muito sobre a soul music. Seu conhecimento musical se tornou mais refinado e ela começou a ouvir o tipo de música que mais tarde escreveria e gravaria. "Quando eu era criança, adorava canções de amor. E sempre adorei aquelas sobre relacionamentos turbulentos. Aquelas com as quais me identificava e que me faziam chorar".

Foi quando a família saiu de Tottenham que Adele percebeu o quanto a mistura étnica do bairro a beneficiava. Quando ela tinha nove anos, eles se mudaram para Brighton, onde Penny buscava experiências criativas. Algumas crianças adorariam viver em uma cidade litorânea como Brighton, mas não Adele. "As pessoas se mostravam muito pretensiosas e frescas, e não havia negros ali. Em Tottenham, eu estava acostumada a ser a única menina branca da sala de aula." Não era uma das alunas mais aplicadas. "Eu não sou nem nunca fui muito estudiosa... sempre me interessei pela música. Minha primeira escola era ótima, mas eu já teria um filho se não tivesse saído", diz.

A família voltaria para Londres em ocasião de o destino intervir de modo cruel na vida de Adele e de seu pai. Uma fotografia daquela época mostra pai e filha aparentemente felizes e próximos. Eles estavam sentados embaixo de uma árvore em um dia de calor: Evans sem camisa e com boa aparência; Adele ao seu lado, vestindo roupas esportivas e apoiando a mão em seu joelho. Em pouco tempo, aquela fotografia de tranquilidade familiar daria espaço a uma relação mais tensa entre Adele e o pai. Evans enfrentaria uma tragédia dupla em sua vida, que resultaria em um maior afastamento de sua filha. Seu pai, John, faleceu aos 57 anos, vítima de câncer intestinal. Em meio a essa perda, Evans terminou o relacionamento com a nova namorada. Foi quando recebeu o segundo golpe: seu melhor amigo morreu em decorrência de um ataque cardíaco. Diante desses problemas, Evans recorreu ao álcool para procurar consolo. Perto dele, o notório beberrão Oliver Reed não bebia nada. "Eu mal sabia o meu nome", revela.

Adele ficou "totalmente arrasada" quando soube da morte do avô, mas Evans estava deprimido demais para ajudá-la. "Fui um péssimo pai em um momento em que ela precisou muito de mim. Eu estava totalmente envergonhado de minha situação e sabia que a melhor coisa que podia fazer por Adele era não permitir que ela me visse naquele estado... eu estava no fundo do poço. Não via saída. Não me importava viver ou morrer." Ele fez a si mesmo perguntas duras a respeito de seu relacionamento com Adele. "Sabia que ela sentiria a falta do avô tanto quanto eu, pois eles eram muito próximos." "Ela o adorava... eu não estive ao lado de minha filha quando ela mais precisou e me arrependo disso todos os segundos do meu dia, até hoje."

Adele diz que nessa época ela cortou o contato quase totalmente com o pai. Evans falou sobre encontros que teve com a filha, com ênfase em uma conversa esclarecedora que eles tiveram no mercado Camden, em Londres, depois de ele abandonar o álcool. O fato é que Penny e Adele se mudaram de Brighton e voltaram para Londres, mas dessa vez foram morar a sudeste da capital. Adele tinha 11 anos quando ela e Penny chegaram ao que ela considerava "um baita lugar grande". No começo, elas ficaram em Lambeth. A uma distância que podia ser percorrida a pé, localizava-se o tipo de multiculturalismo com o qual Adele havia se acostumado em Tottenham. Também havia lojas de discos e casas de espetáculos, incluindo a lendária Brixton Academy, que despertava interesse na menina. Seus sonhos musicais continuavam a ficar mais intensos, mas apesar de Penny sentir orgulho e incentivar as aspirações criativas da filha, nem tudo eram flores. Na verdade, suas esperanças e seus sonhos às vezes eram ignorados por muitos adultos. "Eu tive de tolerar o peso das atitudes negativas de autoridades como professores, que me faziam acreditar que o sucesso era algo irreal", revela.

O desenvolvimento musical continuou, assim como os sonhos de Adele. "Eu me lembro de quando tinha dez anos. Pegava o disco da Lauryn Hill, que pertencia à minha mãe, e ouvia todos os dias depois da escola, em meu quarto, sentada no sofá e rezando para que, um dia, Deus permitisse que eu fosse uma cantora. Mas nunca foi algo que busquei com afinco. Eu e minhas amigas na época tínhamos sonhos e nenhum deles estava se tornando realidade, então pensei: 'Por que os meus se tornariam?'."

Adele abriu a mente quanto aos gostos musicais, que passaram a englobar R&B e bandas de rock, como Aerosmith. Não era esnobe nem aficionada por nada. Na adolescência, sentiu-se preparada para explorar alguns dos corredores mais maduros das lojas de discos. Um dia, na filial da HMV, na Oxford Street, viu discos com os maiores sucessos de Etta James e Ella Fitzgerald em oferta – "dois por um, na seção de jazz". "Como uma menina tão jovem podia ter ido parar na seção de jazz?", ela mesma se perguntou. Por já ter adotado o R&B mais moderno, segundo ela, "foi um progresso natural procurar artistas mais clássicos do soul. Como eu sempre soube que Aretha Franklin e Marvin Gaye eram dessa categoria – eu acho que eles estão no DNA de todo mundo –, pela primeira vez fui para a seção de jazz da HMV na Oxford Street e me interessei com mais afinco. Sabe como é, é uma sala de vidro mais ou menos como o quarto dos pais, onde as crianças não podem entrar".

Com mais honestidade, ela confessa: "Eu tinha 13 ou 14 e tentava ser bacana, mas eu não era muito bacana na época, pois fingia gostar de Slipknot, Korn e Papa Roach. Então, lá estava eu, com a minha coleira de cachorro e calça larga, e vi um CD na seção de ofertas. Comprei o CD porque queria mostrar o cabelo da foto para a minha cabeleireira, para que ela fizesse a mesma coisa em mim".

Ela levou os dois CDs para casa. Eles foram deixados de lado, sem ser tocados por um tempo. Foi quando ela estava limpando o quarto, certo dia, que redescobriu os discos abandonados e resolveu escutá-los e, logo de primeira, adorou o que ouviu. "Quando escutei a música 'Fool That I Am', tudo mudou para mim. A partir de então, quis ser cantora."

As músicas de Etta James tornaram-se as favoritas de Adele. O mais importante foi que elas fizeram a menina explorar mais o jazz e as músicas fáceis de ouvir. Foi ouvindo essas músicas, deliciando-se com os tons aconchegantes, que sua qualidade musical melhorou.

No caso de Etta James, não foi apenas a música que atraiu Adele. A menina gostava de "seus cabelos loiros e olhos de gato", além da fisionomia séria. Quando ouviu a música, ficou fascinada: "Eu me apaixonei – foi como se ela entrasse em meu peito e fizesse o meu coração bater". A respeito do jeito de cantar de James, revela: "Pela primeira vez, uma voz me fez parar o que estivesse fazendo, me sentasse e escutasse. Dominou a minha mente e o meu corpo".

Etta James foi uma sensação do blues e do R&B nos anos 1950 e 1960. Ela é mais conhecida pelas músicas "At Last" e "I'd Rather Go Blind". Sua vida pessoal foi turbulenta, e piorou ainda mais pelo uso de heroína. Passou um tempo no hospital psiquiátrico e continuou a ter problemas de saúde. Para Adele, o brilho da música de James encobriu tudo isso. Foi uma das artistas que a menina procurou imitar enquanto aprendia a cantar. "Eu aprendi sozinha a cantar ouvindo Ella Fitzgerald, tentando entender as acrobacias e escalas, Etta James pela intensidade e Roberta Flack pelo controle." Posteriormente, pensaria em chamar sua cadela de Ella, em homenagem à Sra. Fitzgerald.

Na adolescência, não visitava apenas as lojas de discos inglesas. Adele se lembra muito bem de férias muito animadas nos Estados Unidos, com o pai, quando ela tinha 15 anos e foi a uma loja da Virgin Records, na Times Square, Nova York. Enquanto analisava os corredores, pensou que seria "incrível" ter um disco seu à venda em um país estrangeiro. Na época, parecia um sonho grande demais – mal conseguia pensar em como seria gravar uma música e vê-la sendo comercializada no Reino Unido, muito menos em outros países. Com 21 anos, seus álbuns não só estariam à venda nos Estados Unidos como ela também seria a atração principal em Nova York.

Enquanto isso, suas ambições musicais receberam mais incentivo com uma série nova de TV que deu início a um gênero que dominaria por mais de uma década. Adele passou a ter a permissão da mãe para ficar acordada até mais tarde para assistir *Later* nas sextas-feiras à noite. Ela era fã de reality shows, incluindo os programas de música do gênero. Um de seus favoritos era o *Pop Idol*, transmitido pela primeira vez na ITV em 2001. Com sua memorável bancada de jurados, incluindo Simon Cowell, com a língua afiada em sua primeira participação pública importante, o programa logo chamou a atenção do público. No ano anterior, os telespectadores testemunharam o *Popstars* produzir a banda pop Hear'Say. O *Pop Idol* colocou o gênero em um novo nível. O fato de um artista solo ser o foco deu à busca mais intensidade e dimensão pessoal. E também havia o fato de que, diferentemente de *Popstars*, esse programa contava com o voto do público. Em vez de apenas assistir à formação de uma banda, o público era convidado a telefonar e a votar no cantor favorito. E a presença do sincero Cowell aumentou o sucesso de *Pop Idol*. Nos últimos anos, Cowell tem ponderado seus veredictos. Em 2001, suas avaliações eram sempre muito ácidas.

Adele adorava o programa *Pop Idol* e grudava no sofá para assistir ao programa na maioria dos fins de semana. Adolescente, fazia parte do maior público-alvo do programa. Gostava de ouvir os participantes cantando e de conhecer suas personalidades. O cantor de quem ela mais gostou no *Pop Idol* foi o vencedor, Will Young. O jovem moderno e um pouco esquisito de Hungerford, Berkshire, foi um vencedor atípico, de certa forma. Ele tinha uma voz incrível, e o fato de ele ser o único participante a ser aprovado por Cowell fez com que caísse no gosto do público. Em uma final emocionante, que pareceu prender a atenção da nação, ele derrotou o mais polido, porém menos carismático, Gareth Gates. Adele ficou muito feliz. Ligara para a produção do programa diversas vezes para votar em Young. Mais tarde, afirmou ter votado "cinco mil vezes". Um exagero, mas o comentário reflete o quanto ela gostou dele. Certamente, entre os 4,6 milhões de votos que Young recebeu na noite final, havia mais de um dado por Adele. "Will Young foi o meu primeiro amor. Fiquei obcecada", admite. Na escola, ela descobriu que muitos de seus colegas estavam divididos em dois grupos: os fãs de Young e os fãs de Gates.

A rivalidade rapidamente se tornou mais intensa, e Adele se viu no meio dela. Ela se defendia (e, claro, defendia Young) e pagou por isso: "Os fãs de Gates estavam sendo horríveis comigo e eu não aceitava. Brigamos, eu fui chamada na sala do diretor e mandada para casa. Foi feio". Adele era uma fã aficionada, com certeza, por ter sido suspensa por causa de uma discussão sobre o *Pop Idol*. Mal sabia que, anos depois, ela conheceria Young e estaria na mesma categoria que ele, e que sua música se tornaria a escolha de muitos participantes de reality shows de música. É um triunfo ainda maior do que se tivesse passado de telespectadora para vencedora do programa. Ela havia passado por todo o processo de seleção do público e se tornado a artista que os candidatos queriam imitar.

Quando ela e Penny assistiram ao *Pop Idol* juntas, a mãe sugeriu que Adele se candidatasse. A garota não sabia se era uma boa ideia. Já tinha visto como alguns pais incentivavam os filhos sem talento. "Você sabe como é. Os pais dizem: 'Ela é a próxima Whitney', e a menina canta muito mal", comenta Adele. Além disso, ela havia se cansado da linha de produção de cantoras que tentavam copiar o estilo de Mariah Carey de entrega total, mas acabavam enfiando tantas notas em uma palavra da letra que ficavam parecendo bodes balindo. "Muitas pessoas cantam dessa forma agora, e eu conseguiria também, se quisesse, mas quando você ouve aquilo pela primeira vez, pensa: 'Nossa!' e, na quinta vez, você pensa: 'Vá se danar, faça algo novo'. Você costuma impressionar mais quando não tenta impressionar. Seja natural. Faça o que sabe", acredita Adele. Assim, ela não se candidatou para a segunda temporada do *Pop Idol*. A vencedora foi uma menina grande com voz grande. Scot Michelle McManus se tornou a líder improvável da segunda temporada. Com o apoio de Cowell ao longo da competição, ela ganhou o voto do público.

Adele continuou a seguir o gênero de reality shows, substituindo seu querido *Pop Idol* pelo programa que o sucedeu, *X Factor*. "Sou uma grande fã. Acho incrível. É uma grande oportunidade para as pessoas e também é divertido. Não quero sair numa noite de sábado, ficar bêbada e me drogar com meus amigos. É chato. Todos eles são *indies*, esnobam esses programas, todos têm bandas *indies* e coisas assim, eles que se danem." A falta de preconceito musical dos programas desse tipo combina com a natureza realista de Adele. A admiração é mútua: suas músicas costumam ser cantadas por jovens esperançosos que participam do *X Factor* e também do *American Idol* nos Estados Unidos. Essa tendência alcançou seu ápice na série de 2010, *X Factor*, quando a popular finalista Rebecca Ferguson cantou a versão de "Make You Feel My Love", de Adele, que ficou tão impressionada e tocada que escreveu uma carta a Ferguson elogiando seu desempenho. No entanto, as músicas de Adele se tornaram tão famosas em audições que os juízes e produtores do programa as proibiram por um tempo.

Adele também adorava outra celebridade que chamou atenção na telinha. A apresentadora Zoë Ball talvez pareça uma candidata improvável para cair nas graças de Adele. Mas, ao conhecermos e pensarmos no motivo da admiração, faz mais sentido. Podemos ver na Adele adulta a ligação que ela sentia com Ball quando a via na televisão nas manhãs de sábado, na infância. "Eu costumava assistir a seu programa

Live and Kicking e a adorava. Ela não era bonita, e sim brilhante. Real. Quando ela se casou e saiu do carro, com o vestido de noiva, segurando uma garrafa de Jack Daniels, pronto. Era como eu queria ser. E eu era pequena", conclui. O hedonismo livre de Ball foi um bom exemplo para Adele – e o elogio é, de certa forma, retribuído, pelo fato de Ball tocar as músicas de Adele em seu programa de rádio. Adele também adorava o programa de televisão das manhãs de sábado, o *CD: UK*, e de ouvir o top 40 transmitido no rádio aos domingos.

Outro ídolo da música que foi um grande contraste com Will Young foi The Streets, também conhecido como Mike Skinner. The Streets ganhou atenção em 2002, quando Adele tinha 14 anos. O álbum de estreia, *Original Pirate Material*, foi uma produção de garagem que chamou a atenção, na qual as observações ácidas de Skinner foram feitas num tom "ranzinza". Ele cantou e fez rap sobre os estilos de vida dos ingleses playboys, que viviam no ritmo de baladas e festas. Vendeu mais de um milhão de cópias e rendeu respeito a Skinner e a seu projeto. Também Adele o admirava: "Eu fiquei apaixonada por Mike Skinner e escrevi uma carta a ele. Quando contei a uma amiga sobre essa carta, ela me xingou, então fingi que estava lavando o rosto e chorei". Desde brigar pelo bonitão Will Young a discutir por causa de Skinner, nem tão bonitão assim, Adele se interessou por diversos homens enquanto seus hormônios estavam em ebulição.

Em seus anos pré-fama, ela tentou outras maneiras de ganhar a vida. Foram essas experiências que ajudaram a formar a Adele que amamos hoje. Ela não era uma pessoa com vida muito diferente da de seus fãs. "Eu trabalhei em um café durante três anos com minha tia e minha prima. O salário era péssimo e eu trabalhava demais, mas foi a época mais divertida de minha vida", comenta sobre o trabalho que lhe permitia ouvir o top 40 aos domingos. Na adolescência, Adele adorava lojas, por isso pensou que seu próximo emprego pudesse ser em uma loja, acreditando que certamente gostaria de estar num ambiente daqueles. Mas não foi tão interessante quanto ela esperava. "O pior emprego que tive foi na Gap", conta. "O salário era ótimo, mas acabei nem recebendo o primeiro salário, porque detestei aquilo. Adorava as lojas de rua e pensei que ficaria no atendimento ou nos provadores ajudando as pessoas a encontrar suas roupas. Mas eu só dobrava calças, doze horas por dia. Era tão chato que desisti depois de quatro dias. Se eu não estivesse cantando, provavelmente estaria dobrando calças jeans."

Pouco tempo depois, ela iria para um estabelecimento de mais prestígio. Sua educação saiu dos trilhos quando ela estudou na escola Chestnut Grove, em Balham, um local que ela pensou que seria melhor. Era especializado em artes virtuais e mídia, mas ela não estava feliz ali e geralmente cabulava as aulas. "Eu era muito respondona e só queria saber de enrolar", confessa. Parte de sua frustração era uma atitude normal de adolescente. Mas ela sentia que não estava recebendo apoio suficiente. "Eles não me incentivavam", declarou ao *The Times*. "Eu sabia que queria fazer música, mas mesmo no sétimo ano e desejando ser cardiologista, eles não me incentivaram... foi injusto. 'Tente terminar os estudos sem engravidar', hahaha."

Por falar em aulas de música, segundo ela: "Eles dificultaram as coisas para mim, tentando me subornar, dizendo que, se eu quisesse cantar, tinha de tocar clarinete para participar do coral. Então, fui embora". Descrevendo seu estado emocional antes de partir, ela mostrou a falta de otimismo que vivia naquele momento de sua vida. "As coisas estavam complicadas." A única coisa que deixava tudo melhor era a música e seu interesse cada vez maior em se tornar uma cantora. "Assim que segurei um microfone, quando tinha uns 14 anos, percebi que queria fazer aquilo", lembra. Felizmente, ela não sofria do problema que costuma retrair algumas pessoas: não gostar da própria voz. "A maioria das pessoas não gosta do som de sua voz depois de gravada. Eu estava tão animada com tudo aquilo que não me importava nem um pouco com o som que escutaria."

Então, ela conseguiu ser aceita em uma nova escola. Ali, ela estava no tipo de ambiente que alimentaria seu talento criativo diariamente. Foi um momento crucial para ela quando entrou na BRIT School. "Tudo mudou quando fui para lá", afirma.

Ao chegar à BRIT School, Adele deu um enorme passo para a fama internacional, o sucesso estrondoso e uma fortuna multimilionária.

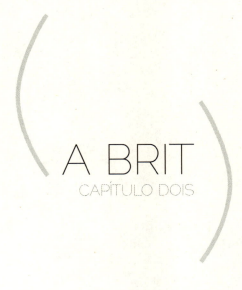

Quando Adele estava em turnê pelos Estados Unidos em 2011, alguém a chamou discretamente para contar que ela estava entrando para a história das paradas. Seu álbum *21* havia alcançado o topo das paradas de sucesso por dez semanas, um recorde. Ao comemorar aquela conquista, ela soube no mesmo instante a quem agradecer. "Graças à BRIT School. Um lugar maravilhoso do qual ainda sinto muita saudade."

A escola BRIT Performing Arts and Technology já foi comparada à New York High School for the Performing Arts, escola norte-americana que foi a inspiração para o *Fama*, filme e série de televisão de sucesso dos anos 1980. A BRIT School, porém, está localizada em Croydon, um local menos glamoroso do que Manhattan. A escola é do governo, mas opera de modo independente. Foi fundada em 1991, depois de o ministro conservador Kenneth Baker propor um empreendimento a Richard Branson, fundador do grupo Virgin. A partir de seu segundo ano de existência, recebeu patrocínio do BRIT Trust, a instituição por trás da cerimônia anual da premiação Brit da indústria da música.

Estima-se que os alunos formados pela escola já venderam mais de 10 milhões de álbuns no Reino Unido e obtiveram 16 indicações ao Brit e 14 ao Grammy. Além do âmbito musical, o histórico acadêmico da escola é admirável: mais de 90% de seus alunos obtêm notas altas em cinco ou seis competências do GCSE (Certificado Geral de Educação Secundária). Naturalmente, conta com uma lista de ex-alunos famosos, entre eles Leona Lewis, Amy Winehouse, Imogen Heap, Katie Melua, Katy B. e membros das bandas The Kooks, The Feeling e The Noisettes. Alguns deles estudaram na escola na mesma época de Adele.

A atmosfera prevalente e a missão não oficial da BRIT School, que a destacam entre outras escolas de artes, combinam muito com a personalidade e a atitude de Adele. Segundo um professor, a BRIT School foi criada para "os diferentes. A escola se molda à personalidade deles, em vez de exigir que eles formem sua personalidade de acordo com a escola". Poucos talentos de verdade teriam feito de modo diferente, mas Adele mais do que combinou com essa ideia. Um vídeo promocional da escola reúne declarações a respeito da importância de sonhar. "O músico percebe que tem mais influência na mentalidade das pessoas do que os políticos, os pais ou o papa", relata o vídeo. Certamente, a influência de Adele aumentou conforme suas conquistas foram se acumulando. O professor Dec Cunningham gosta de enfatizar que, apesar de ser uma escola de arte, a BRIT também tem as mesmas responsabilidades e os problemas de qualquer outra escola pública. "É importante lembrar que a BRIT School é basicamente abrangente", explica.

Adele entrou na escola devido a uma crise pessoal. "Só acabei estudando música na BRIT School porque sabia que ia reprovar em todos os meus GCSEs, então entrei em pânico", comenta. Ela não ingressou na BRIT para seguir carreira como artista da música. Naquele estágio, esperava se envolver somente nos bastidores. Isso acabou sendo positivo, pois assim ela se deu ao trabalho de aprender habilidades de produção, incluindo conferir microfones, amplificadores e sistemas de alto-falantes. Mais tarde, admitiu: "É útil, porque assim você não precisa pagar ninguém para fazer isso por você".

Mas, em primeiro lugar, ela teve de encontrar o caminho até a escola. Diziam que era preciso pegar o trem na London Bridge, descer na estação Selhurst e então "seguir os adolescentes vestindo calça jeans larga amarelo-clara, jaqueta de couro de motoqueiro e penteado ninho de pombo". Adele seguiu as orientações – que continuam valendo até hoje, apesar de as tendências mudarem – e chegou aos dois prédios principais da escola. Um deles é um pavilhão alongado; o outro, uma estrutura de tijolos aparentes construída há mais de cem anos. As construções parecem um tanto estranhas entre as casas avarandadas em Croydon. Era uma área que David Bowie, sempre muito crítico (e que passou seus anos de formação no sul de Londres), descrevera como "inferno de concreto". Mas Adele aprendeu a amar a vida na BRIT. O desconforto e a falta de motivação que ela havia sentido em Balham pareciam muito distantes.

Mas *conseguir* matricular-se na BRIT School não foi tão fácil quanto encontrar os prédios. Por ser um estabelecimento do governo que incentiva a criatividade, atrai muitos interessados, porém dois terços deles fracassam. A escola tem cerca de 850 alunos em qualquer época e aceita jovens de 14 a 19 anos. O sucesso de seus alunos mais famosos aumentou ainda mais o interesse. "Personalidades como os Kooks e Amy Winehouse colocaram Croydon em destaque", diz Adele. "Apesar de eles não serem originalmente de Croydon, foram criados ali, o que deveria deixar todos orgulhosos – eu certamente me orgulho."

Mais tarde, Adele ajudaria a manter Croydon em destaque com seu álbum de estreia, *19*. A localização da BRIT sempre fez com que ela parecesse uma versão um pouco mais acessível da Sylvia Young Theatre School, que era localizada em Drury Lane, Marylebone, e agora se situa em Westminster. De fato, Adele queria ingressar na escola particular Sylvia Young, principalmente porque a Spice Girl Emma Bunton havia estudado ali, mas, segundo ela, "minha mãe não podia pagar".

Felizmente, a BRIT foi muito adequada para o que ela precisava. "Pude ouvir música todos os dias por quatro anos. Muitas pessoas se sentem presas pela juventude, mas na BRIT eu me sentia viva pra caramba. Eles nos ensinavam a ter a mente aberta e éramos incentivados a escrever nossa própria música – e alguns de nós levávamos isso a sério; outros, não. Eu levei muito a sério." Por se sentir sem apoio na escola anterior, Adele teve certeza de que naquele momento estava em boas mãos.

De fato, o panfleto de divulgação da escola atesta que é motivo de orgulho a ajuda que dá aos alunos. "A escola tem uma atmosfera única de apoio e respeito que ajuda a cultivar a habilidade e o talento de nossos jovens", está escrito. Muitos dos ex-alunos concordam com essa ostentação, incluindo Adele. Ela também confirma que existe certa verdade na comparação que costuma ser feita com a lendária casa norte-americana de sonhos de atuação. "Às vezes, era um pouco como o *Fama* – era possível ver pessoas fazendo alongamento e aquecendo-se para cantar... Melhor isso do que ver alunos empunhando facas!". Ela afirma que o estabelecimento a salvou de uma adolescência menos interessante. Acredita que seus colegas ajudaram a tirá-la de uma trajetória comum. "Detesto imaginar onde estaria se não tivesse entrado", reflete. "É muito inspirador estar entre 700 pessoas que querem ser alguma coisa, em vez de se ver no meio de 700 que só querem engravidar para poder sair de casa." Ela explica melhor como percebeu esse contraste: "Nada contra, mas todas as minhas amigas da escola [anterior] têm filhos. Não porque não tinham coisas para fazer, mas porque o caminho simplesmente era esse. Uma porcaria. As coisas não pareciam muito boas. E, então, consegui entrar numa escola onde os alunos queriam fazer algo diferente".

Adele sentiu ter dado um passo importante no mundo quando deixou de estudar em Balham e foi para Croydon. Não que o novo local a tornasse mais "ativa", nada disso. A terra da inércia geralmente atrasava a sua chegada. "Eu aparecia na escola com quatro horas de atraso. Eu dormia, não fazia nada de importante... simplesmente não conseguia acordar."

Mas quando ficava acordada e em alerta, ela se tornava uma aluna popular e aplicada, uma daquelas adolescentes que pareciam conhecer todos e ser conhecida por todos. No entanto, ela não se lembra de Leona Lewis na escola, apesar de os caminhos das duas terem se cruzado. "A Leona Lewis devia ser bem quietinha, porque eu não me lembro dela de jeito nenhum, e eu conhecia todo mundo lá", relembra.

Quanto a Lewis, apesar de ter expressado o desejo de formar um dueto com Adele, nunca mencionou nenhuma lembrança dela na BRIT School. Mas Lewis também já disse coisas boas a respeito de sua experiência na escola, ainda que chegar lá todos os dias demorasse muito. "Eu levava quase duas horas para ir de casa à escola, mas valeu muito a pena, porque a educação oferecida por eles é incrível. Não existe lugar como a BRIT, onde aprendi muito."

Adele continua sendo efusiva em seus elogios. "Eu adorava aquele lugar. É excelente, e o apoio oferecido é incrível. As apresentações que eles organizam são maravilhosas! Melhores do que os shows na cidade atualmente." Quando ela foi convidada para participar de uma produção desse tipo, se atrasou. "Meu coração explodiu dentro do peito. Foi horrível. Quase fui expulsa da escola por causa daquilo. Agora, sempre sou pontual." Ela relaciona sua personalidade expansiva ao seu tempo de estudante. "Às vezes faço tanto barulho que eu mesma sinto vergonha, mas não consigo me controlar. Gosto de chamar a atenção. Na escola, eu era a palhaça da sala, fazendo gracinhas o tempo todo."

Também houve desafios na BRIT. Todas aquelas pessoas criativas, às vezes sensíveis, produziam uma vibração interessante. Muitos alunos viviam momentos de frustração quando sua natureza temperamental emergia. Adele foi um deles. "Às vezes eu sentia vontade de sair, porque, quando se é criativo, pode-se ficar frustrado", alega. "Eu nunca prestava atenção às minhas aulas de estúdio. Sempre que entro em estúdio, fico nervosa. Nunca consegui superar esse medo." Esse medo também a perseguiu na escola. Sua preocupação aumentava pelo fato de não saber se seguiria uma carreira na indústria da música. "Não acho que me sentia frustrada por causa da escola. Nunca pensei que um dia eu realmente me tornaria uma cantora profissional, então às vezes eu achava que era uma perda de tempo insistir em algo que muito provavelmente não aconteceria."

Ela não teve destaque nas partes mais convencionais do currículo escolar. Sua mente, já naquela época, focava-se cada vez mais em questões puramente criativas. "Meu lado acadêmico foi por água abaixo e eu desempenhava o papel da palhaça da sala com muita frequência, mas adorava as aulas de música." O mero fato de estar na escola mudou muito não apenas seus talentos, mas também seus gostos. "Sou muito mais mente aberta a respeito de música por ter estudado lá. Na BRIT, fiz amigos que gostavam de estilos musicais que eu não conhecia ou rejeitava, como *atmospheric dubstep* ou hip-hop pesado. Foi algo que me abriu os olhos na adolescência." O modo tranquilo da escola e sua forma de ensino também combinavam com ela. "É claro que existem aulas práticas, mas eles não forçam nada. Apenas ajudam no desenvolvimento. Eles lhe dão o alimento, sabe?."

Mas ela também tinha críticas. Às vezes sentia que as partes de música do currículo da BRIT eram muito focadas nos detalhes das canções. Ela prefere não analisar música em demasia, pelo mesmo motivo que, até recentemente, evitou as aulas de canto. Para Adele, uma das melhores maneiras de aprender sobre capacidade vocal é simplesmente ouvindo os grandes, analisar o que os torna grandes e tentar imitá-los. "Eles tentam ensinar a dissecar a música, mas eu não quero fazer isso. Fiz só uma aula de canto na minha vida. Ela me fez pensar na minha voz demais. Você pode aprender sozinho. Eu ouvia Etta para pegar um pouco de alma, Ella para as minhas escalas cromáticas, Roberta Flack para aprender sobre controle." Ao suplementar a orientação profissional da BRIT com sua autodidática, Adele começou a desenvolver sua voz já forte, transformando-a na maravilha de tirar o fôlego que é hoje.

As aulas que ela teve na escola e as habilidades que aprendeu sozinha desenvolveram seu canto, mas seus colegas também a ajudavam a estimular sua ambição e seu foco. No segundo ano, ela conheceu uma pessoa que a inspiraria a procurar coisas ainda mais grandiosas. Uma cantora chamada Shingai Shoniwa se tornou colega de Adele, que logo ficou muito impressionada com ela. Na verdade, gostou do que viu e do que ouviu. "Ela é uma cantora maravilhosa", relata.

Shingai Elizabeth Maria Shoniwa teve um início de vida difícil, com o qual Adele se identificou quando elas começaram a conversar. Shoniwa cresceu ao sul de Londres, criada quase exclusivamente pela mãe, depois da morte do pai, quando ela ainda era pequena. "O desejo de escapar da realidade pode inspirar as maiores e as mais comuns naturezas criativas", comenta Adele. A voz de Shoniwa é excepcional e inesquecível. A revista *Rolling Stone* a descreveu como "uma manifestação viva do espírito do rock and roll, com uma voz que é tanto Iggy Pop quanto Billie Holiday". Ela também tem um carisma natural e marcante. No começo de sua carreira, quando música era só diversão, ela tocava guitarra com um pedaço de pão, e não com uma palheta. Mais tarde, deslocou o ombro por pular em excesso durante uma apresentação ao vivo. Ela fala sobre música com uma emoção visceral. "Ao olharmos para pessoas como Grace Jones, David Bowie ou Jimi Hendrix, vemos uma metade-humana transcendendo a metade-fera que não consegue controlar seu próprio entorno."

A voz de Shoniwa chamou a atenção de Adele na época da escola, quando nenhuma das duas era famosa. "Eu lembro que, quando Shingai Shoniwa ensaiava, eu encostava a orelha na parede e a ouvia, hipnotizada", relembra. "Eu a ouvia pelas paredes. Eu me unia a ela e a gente tocava. Só de ouvir o que ela dizia e o que cantava me fazia querer ser compositora, e não cantar apenas as músicas do Destiny's Child." Shoniwa acabou alcançando sucesso com uma banda chamada

The Noisettes, mas o mais importante para a nossa história foi a ambição que ela despertou dentro de Adele. (Posteriormente, Adele teria o mesmo produtor da banda de Shoniwa.)

E o que os colegas de Adele achavam dela? A cantora pop Jessie J. estudou na BRIT na mesma época e se lembra de Adele como a *belle* da BRIT. "Na escola, ela era muito barulhenta e todo mundo a conhecia; ela era a menina que todo mundo adorava e que sempre estava a fim de dar risada, e dava pra ouvir a gargalhada dela a um quilômetro", conta Jessie. Os caminhos delas também se cruzaram. "Ela era de música e eu do teatro de musicais. Brincávamos na hora do intervalo: alguém tocava o violão e nós duas apenas cantávamos." Naquela época, uma tradição foi estabelecida, e as duas jovens a mantêm até hoje. "Somos tão comuns quando estamos juntas que é hilário", diz Jessie, que se tornou outro enorme sucesso da BRIT. Ela apareceu no topo da pesquisa "Sound of 2011", da BBC, e, eleita pelo público, venceu o prêmio Brit. No mesmo ano, alcançou o topo das paradas no Reino Unido com a música "Price Tag", que dominou a trilha sonora pop de 2011.

Katy B. também estudou na mesma época de Adele. "Jessie e Adele estavam um ano acima do meu e eram cantoras que eu admirava muito", observa Katy, que mais tarde estudou no Goldsmiths College, na University of London. Aqueles anos de fato foram muito férteis para a BRIT. Katy descreve um local repleto de criatividade musical. "Você entra na recepção e tem sempre alguém tocando violão ou cantando", conta. Para ela, a presença de Adele era uma alegria e uma parte importante do apelo da vida escolar. "Ver pessoas como Adele passando conhecimento e informação e mostrando-se apaixonada pelo que está aprendendo é incrível", diz. "Uma de minhas cantoras preferidas é Jill Scott, e a pessoa que me apresentou a Jill foi Adele. Eu estava fazendo um projeto com ela, que me despertou o interesse pelo soul. Ela sempre dizia que precisávamos ouvir isto ou aquilo."

Kate Nash foi outra colega de Adele que alcançou fama. Adele opina que Nash era um escândalo de vez em quando. A Nash era "muito engraçada. Ela estava sempre fazendo brincadeiras durante as aulas". Dá para imaginar a risada marcante e espontânea de Adele em reação às gracinhas de Nash. Katie Melua foi outra colega, segundo Adele, "adorável, também. Ela era mais certinha, mas tinha uma voz maravilhosa". Desde que saiu da BRIT, Nash não se esqueceu de seus colegas, pois empregou muitos deles como dançarinos.

A diretora de música da BRIT School é Liz Penney, que entrevistou Adele na época em que ela se candidatou a uma vaga e, por acaso, era a primeira vez que Penney entrevistava um candidato a aluno. Não foi nada difícil. Ela se lembra de Adele muito bem. "Ela era muito divertida. Permaneceu aqui por quatro anos. Às vezes se esforçava muito, outras, nem tanto. Ela falava muito... mas sempre me fazia rir. Desde que chegou aqui, enquanto alguns alunos não eram muito a fim de compor músicas, ela sempre gostou", revela Penney. Ela ainda acrescenta ao falar de sua ex-aluna famosa: "Adele, muito bem, querida. Você se deu bem. Tenho muito orgulho de você, assim como todo o pessoal daqui". Adele ficou emocionada ao ouvir essa declaração.

O fato de Adele ter frequentado a BRIT School é uma parte essencial de sua história, que frequentemente é recontada como ponto central na maioria das matérias escritas a seu respeito. Do ponto de vista da escola, isso é positivo. Sem dúvida, para toda instituição educacional das artes performáticas, isso é bom. Na opinião de alguns, Adele tornou o conceito de escola-palco bacana. Enquanto alguns críticos desprezam os formados com facilidade, pessoas como Adele e Amy Winehouse mostraram que têm valor na indústria da música. O cantor de rock James Allan, líder do Glasvegas, uma banda que lembra o Oasis, mas com roupagem *indie*, mudou sua maneira de pensar depois de conhecer Adele. "Na minha época, algo como a BRIT School era a coisa mais sem graça que se podia imaginar", revelou ao *Daily Star*. "Mas, ao conhecermos algumas pessoas, nossa mente se abre e você consegue entender de onde elas vieram. Posso dizer que conheci Adele certa noite e não sabia quem ela era. Estávamos num bar e, quando falei com ela, a achei uma pessoa ótima, maravilhosa. Você sabe como é o lance de carma... Então eu senti uma vibração ótima vindo dela, independentemente de ela ter saído de uma escola-palco ou não. Fico feliz por ela estar se dando tão bem."

Tim Jonze, do *The Guardian*, também crê que Adele é o oposto da visão estereotipada a respeito de um formado numa escola-palco. "Ela se distancia totalmente da imagem de um desesperado de olhos esbugalhados, que não para de cantar e dançar, formado em uma escola-palco", escreveu. O jornal *The Sun* relacionou a BRIT como um dos *Cem lugares que tornam o Reino Unido brilhante*, em junho de 2011. A ligação de Adele com a escola evidencia ainda mais esse brilho. Ela mesma definiu o lugar como sua aluna mais popular. Anteriormente, Amy Winehouse teve esse título, mas seus comentários negativos a respeito do lugar – era "uma merda" – desgastaram a ligação para ambos os lados.

Outro aluno antigo, Luke, da banda *indie* The Kooks, também é um tanto crítico ao falar da escola, mas de maneira mais comedida. "Tenho sentimentos conflitantes a respeito da BRIT", declarou o rapaz, que estudou ali alguns anos antes de Adele. "Algumas pessoas se envolvem demais na fama... São alunos que vieram do nada e os pais os tratam como se já fossem celebridades 'porque estudam na escola famosa'."

Adele continua sendo uma embaixadora da instituição. Ela já até comentou sobre a vontade de formar um supergrupo de cantoras com ex-alunas da BRIT School. Juntamente com Adele, poderiam participar Kate Nash, Katie Melua e – antes de sua trágica morte em 2011 – Amy Winehouse. Adele diz que a banda "representaria a maioria das mulheres do mundo. Se formássemos uma banda, acredito que seria a melhor de todas". Ela não necessariamente limitaria a formação de seu supergrupo dos sonhos apenas a ex-alunas da BRIT, pois gostaria que Lily Allen também participasse.

Apesar de a BRIT School ter, sem dúvida, fornecido uma parte considerável dos talentos femininos que entraram para a indústria nos últimos anos, as paradas de sucesso também revelaram muitas cantoras que tomaram caminhos distintos para chegar ao topo. Entre elas estão Lily Allen, Joss Stone, Duffy e Dido. As cantoras de soul tentaram conquistar os Estados Unidos. Adele poderia observar as experiências de Stone, Duffy e Winehouse para aprender a ser bem-sucedida nos Estados Unidos. Enquanto isso, no Reino Unido, ela pôde considerar a si mesma como parte essencial de uma nova tendência, pois o público pop britânico ficou maluco por artistas solo mulheres. Adele elogiou Amy Winehouse e o fato de ela ter liderado uma nova leva de cantoras da instituição de Croydon e além. Isso era o "poder feminino" em ação, como a fã das Spice Girls deve ter concluído. "Acredito que Amy abriu o caminho para mim e para Duffy. Antes, apenas uma menina por ano aparecia na indústria, mas, agora, seis ou sete novas surgiram nos últimos anos: Amy, Duffy, Lily e Kate", conclui.

Em 2007, enquanto a BRIT School estava em evidência pela invasão de seus alunos às paradas, principalmente as vocalistas femininas, Adele colocou a tendência no contexto correto. "Antes desse ano, a BRIT School não produziu ninguém de fato. Muito dinheiro estava sendo investido e ninguém saía de lá se dando bem, então acho que eles estavam um pouco preocupados. Acredito que a BRIT School produziu um monte de gente ótima que ainda ninguém conhece, mas, graças a Amy, tem recebido mais apoio. De repente, todas essas meninas incríveis surgiram nessa onda de talento... Creio ser sorte e hora certa, para ser sincera."

Com sua franqueza de sempre, ela também já admitiu que a BRIT teve alguns alunos ruins. "Algumas pessoas são horríveis, muito ruins. Só querem transar com os cantores de soul! Sou a favor de pessoas que evoluem, não as que passam quatro anos ali, começam ruins e saem ainda piores."

Além dessa tendência de alunos de escolas-palco, percebe-se que há um número cada vez maior de estrelas do pop que receberam educação particular. Artistas como Laura Marling, Florence Welch, Jack Penate, Jamie T. e Chris Martin, do Coldplay, se unem a membros de bandas folk, como Noah & The Whale e Mumford & Sons nessa categoria. Até mesmo Lily Allen, apesar de sua imagem *mockney*, que na gíria britânica quer dizer "pessoa de classe média que quer se fazer passar por pessoa de guetos", estudou em um dos principais internatos ingleses. O ídolo pop de Adele, Will Young, também recebeu educação particular. No passado, o famoso *posh pop* era uma parte da indústria. De fato, pessoas bem versadas de escolas de arte, como a banda Blur, criaram um contraste dinâmico com bandas de classe média, como o Oasis. No entanto, Adele se manteve afastada dessas tendências: como filha de mãe solteira, passou os primeiros anos de sua vida em Tottenham. Depois de estudar em algumas escolas públicas, foi para uma escola de arte, mas, claro, a BRIT é mantida pelo Estado.

Suas entrevistas se tornaram lendárias. Poucas pessoas conseguiam acreditar que uma jovem com uma voz tão intensa e rica para cantar pudesse ter uma voz tão comum no dia a dia. Apesar de continuar sendo uma menina de classe média, a verdade é que ela – com razão – não tem vergonha de seu passado e não tem a intenção de cantar a respeito de sua criação modesta e dos desafios que enfrentou. Na verdade, ela detesta músicos que cantam sobre questões de classe dessa maneira. "Tudo gira em torno de 'Ah, eu vim do nada'. Cala a boca, cara! Não importa. Se você for bom, vai conseguir o seu lugar e ponto.

Mas me irrita quando as pessoas me dizem que meus amigos parecem ricos. Jack Penate estudou em escola pública, sabia? Você devia conhecer a casa de Jamie T. – é simples. E Kate Nash nunca falou sobre sua origem. Só porque ela canta com sotaque não quer dizer que está tentando ser pobre. Ninguém gosta de pessoas com voz de gente metida, não é?."

A formatura de Adele foi um grande passo, assim como acontece com muitas pessoas que saem da escola e enfrentam as realidades assustadoras da vida adulta. Analisando melhor, Adele deu uma ideia de como foi sair da BRIT School e entrar no mundo. "Você é um peixe enorme dentro de um aquário pequeno, e, quando sai de seu conforto, você se torna um peixinho dourado em um oceano", compara. Para continuar com a metáfora aquática, Adele logo se tornaria um tubarão nesse mesmo oceano. Assim, ela é, de longe, uma das formadas mais bem-sucedidas da BRIT. Quando eles a aceitaram, tomaram uma decisão inteligente. A Adele do Reino Unido agora só quer ir para um lugar. Não deve haver alegria maior para uma instituição como a BRIT School do que ver uma de suas ex-alunas incendiar o mundo com sua música.

HEROÍNA DA CIDADE
CAPÍTULO TRÊS

Adele e sua mãe se mudaram de Brixton para West Norwood quando ela estudava na BRIT. Elas viviam numa rua movimentada, em um apartamento simples em cima de uma loja de descontos vizinha a uma oficina mecânica. O ambiente não poderia ser menos romântico. No entanto, ganharia um nível de glamour e se tornaria praticamente icônico depois que Adele compôs alguns de seus maiores sucessos ali. A primeira canção em Norwood era, na verdade, a respeito de Tottenham, o lugar onde Adele cresceu com a mãe. Quando começou a escrevê-la, suas ambições musicais já estavam a caminho da realização.

Adele não flertava mais com a ideia de se tornar cantora. Aos 16 anos, a possibilidade já havia se tornado ambição. Foi um trabalho da escola que a lançou ao estrelato. "Parte de meu curso na BRIT School era de aulas de gravação. Eu gravava CDs demo para passar de ano. Não sabia o que fazer com eles", relata. Mas logo os mostraria a uma gravadora e rapidamente sua vida mudaria para sempre.

A XL Recordings é um selo fascinante. De certo modo, é reminiscente da Creation Records no auge da banda Oasis. Uma das semelhanças é o presidente e sócio, Richard Russell. Assim como Alan McGee, o homem que gere a Creation, Richard é empresário e amante de música. Os dois têm sido muito habilidosos em estabelecer acordos e controlar outros aspectos dos negócios com criatividade. Principalmente Russell, que já produziu música para artistas como Gill Scott-Heron e Major Lazer, além de fazer a mixagem do grande rapper britânico Roots Manuva.

Certamente, seu entusiasmo contagiante é herdado do ápice de McGee na Creation em meados dos anos 1990. Russell chegou até a aparecer no vídeo promocional de uma música – de cabelos compridos, ele parecia um frequentador de raves, e não um empresário sério. Russell entrou na indústria depois de descobrir que a música era uma ótima válvula de escape para o tédio que sentia no norte de Londres, onde cresceu. Ele gravava fitas de mixagem quando adolescente e as vendia no mercado de Camden. Também trabalhou como DJ e numa loja de discos. Depois, na Island Records. "Era um local incrivelmente interessante e vibrante", recorda. "Dava para fumar um baseado no estoque." Iniciou negócios com a XL Recordings e assumiu as rédeas quando seu fundador, Tim Palmer, se aposentou em 1995. O selo contratou bandas como Prodigy e logo estava ganhando milhões de libras todos os anos. Quando Radiohead e The White Stripes entraram para o rol, a XL era um dos principais selos, com artistas que impunham respeito e eram muito procurados pelo público consumidor de álbuns.

A filosofia do selo de Adele é simples: "Procuro por originalidade", explica Russell. "Qualidade e originalidade e a esperança de que o artista possa durar", completa. Ele afirma que, diferentemente de grande parte da indústria da música, que tem uma visão a curto prazo, sua empresa se concentra nos resultados a longo prazo. "Não assinamos com alguém com base na força do que ele ou ela estiver fazendo no momento; tentamos reconhecer o potencial daquilo que esse alguém faz", diz. Ele acrescenta que sua política é justificada: "Agora temos um grupo de artistas produzindo álbuns; estamos trabalhando com pessoas que obviamente têm muito a oferecer".

Muitos contratados da XL demonstraram reciprocidade na admiração e elogiaram o selo e seus funcionários. Um deles é Liam Howlett, do Prodigy. "O que importa é o relacionamento do artista com os caras", declarou a respeito de Russell e de seus sócios em janeiro de 2009. "Por isso eles sobrevivem."

Grande parte da filosofia de Russell parece sensata. No entanto, ele sente que esse método simples e sensível de operação é algo que se perdeu no *showbusiness* do século XXI. "As gravadoras trabalham bem com pequenas unidades relacionadas à música, relacionadas aos artistas", comenta. "As pessoas desistiram da ideia de que é preciso ter grandes artistas, de que é preciso ter música boa." Russell é um forte candidato a voltar ao básico da indústria da música. Ele não acredita que a indústria da música esteja envolvida em uma espécie de batalha com a nova tecnologia digital. O medo dessas inovações e o que elas podem representar para as gravadoras é comum nos círculos dos negócios que envolvem a música. Alguns têm pavor disso, enquanto outros afirmam que há muitas décadas, quando as pessoas começaram a gravar álbuns em fitas cassete virgens, isso também era para ser o prenúncio da morte das gravadoras.

Russell não tem medo de novas tecnologias. "A frase 'Lutar contra a internet' é engraçada", diz. "Para que você vai lutar contra a internet?". Ele mesmo, pelo gosto da aventura e da experiência, resolveu promover algumas de suas músicas no MySpace. Gravou um disco usando seu computador, criou uma capa e o publicou no site. Analisou as estatísticas que mostravam quantas pessoas tinham ouvido as canções. "E, pensei, beleza, isso é interessante pra caramba!." Então decidiu procurar por outros artistas que pudesse contratar. A primeira de suas descobertas foi Jack Penate, também no MySpace. Não é à toa que Russell se sente animado com o potencial da rede. "É bem frenética, e tem muita coisa acontecendo o tempo todo. É como um faroeste, é tudo muito louco", se entusiasma.

Tudo isso ocorreu na mesma época em que a qualidade do cenário musical britânico se tornava melhor do que nunca. Muitos artistas novos começaram a surgir. Foi só uma parte do que alguns críticos de música estavam identificando como um renascimento da qualidade. Russell sentiu que, apesar de todas as épocas terem seus artistas de boa qualidade, aquela época era boa, de fato. Em 2007, afirmou: "É incrível, absolutamente incrível!". A essa altura, ele já tinha descoberto e contratado Adele.

A primeira leva de material de Adele já estava quase pronta para lançamento. Ela foi contratada em setembro de 2006, e a história de como a encontraram é bastante interessante. Diz a lenda que, enquanto ela estudava na BRIT School, um dos poucos atritos que teve com os professores foi por causa da internet e de seu poder. Ela sentia que os professores estavam por fora quando o assunto era o poder de marketing da rede mundial. "Os professores da BRIT estavam fora da realidade. Tentei ensinar a eles um pouco sobre internet, mas parecia que eles acreditavam que todo mundo ainda comprava CDs e tal", relata. Se sobrou alguma dúvida sobre o que ela tentava dizer a eles, esta seria descartada pela maneira como Adele lançou a própria carreira ao se formar. Ali estava, mais do que nunca, a prova forte e inquestionável de que a web é um solo fértil para a divulgação musical.

Adele gravou duas demos e as enviou a uma publicação on-line chamada Platforms Magazine. A primeira canção tinha o título de "Daydreamer" e a segunda, "My Same". Era a quarta edição da Platforms Magazine. Não era o maior empreendimento virtual, mas teve a honra de ser o primeiro espaço de publicação do trabalho de Adele, um feito do qual devem se orgulhar muito. "Eu gravava as minhas demos, enviava a meus amigos e eles me colocaram no MySpace", explica, mostrando como o processo era comum naquela época. Um amigo em especial ficou responsável pelo processo. Adele confiava nele, que tinha muito conhecimento de internet, principalmente dos sites de redes sociais. Ela lhe deu o apelido de "Mr. MySpace Reino Unido".

O que aconteceu em seguida foi quase o fechamento de um contrato. "As coisas deslancharam a partir dali", conta Adele. Ela reconhece que, apesar de seu talento ser inegável, teve sorte por ter sido descoberta com tanta facilidade. "Não precisei enfrentar o mundo real – tudo caiu no meu colo. Tive muita sorte."

De repente, Adele começou a ser requisitada. "Eu ainda estava estudando, não estava fazendo apresentações, não estava no circuito, não conhecia ninguém e estava recebendo e-mails de gravadoras", relembra. "Meu amigo disse: 'Tem um monte de gente de gravadoras escrevendo pra mim. O que devo responder?'."

No entanto, em vez de pular de alegria com a chegada das mensagens, ela continuou com os pés no chão por dúvida e precaução. "Pensei: 'Ah, até parece!'. Não acreditava na possibilidade de ser contratada por meio do MySpace."

Então, quando criou sua página no site, em dezembro de 2004, não foi com o intuito de mudar sua vida para sempre. Na verdade, o MySpace e outras redes sociais são um fórum popular para o lançamento de carreiras na indústria da música. O exemplo mais espetacular disso é a banda *indie* de Sheffield, Arctic Monkeys, que de uma simples banda do MySpace se transformou na a banda com o álbum de estreia vendido mais rapidamente de todos os tempos. O grupo, formado em 2002, começou tocando em locais pequenos e lotados. Nesse meio-tempo, poderia ter acabado antes de ser descoberto. Mas aí a música deles começou a ser compartilhada no MySpace. A banda não se envolveu de modo ativo no que aconteceu em seguida, preferindo acreditar que as chamas on-line que construíram seu sucesso foram acendidas por meios comuns.

O detalhe pouco importa. O mais importante é que os Monkeys logo formaram um grupo de fãs on-line. Naturalmente, a indústria da música em breve tomou conhecimento e começou a ter esperança de fisgar um contrato com a banda. O primeiro single deles, "I Bet You Look Good on the Dancefloor", foi o hit número 1 do Reino Unido em 2005, enquanto o álbum de estreia no ano seguinte, *Whatever People Say I Am, That's What I'm Not*, vendeu mais cópias só no primeiro dia – 118.501 – do que o restante dos outros álbuns das 20 primeiras posições da parada. Eles nunca voltaram atrás e continuam a ser extremamente populares e bem-sucedidos. "A internet é a raiz de tudo", explica um divulgador da banda. "Eles fazem parte dessa geração."

Outra artista inglesa que utilizou a rede, e não um caminho comum para promover sua música, foi Lily Allen. Ela já tinha sido recusada por diversas gravadoras e estava prestes a desistir de seu sonho pop quando decidiu tentar postar demos de suas músicas no MySpace. Logo reuniu um grupo enorme de seguidores e milhares de pessoas passaram a ouvir suas músicas. Assim que a imprensa notou sua existência, ela assinou um contrato com uma grande gravadora. Milhões de discos, um prêmio Ivor Novello e outro Mercury depois, Allen se tornou uma verdadeira estrela.

Outros artistas ao redor do mundo têm usado a internet para lançar suas carreiras, incluindo a cantora norte-americana Savannah Outen, a estrela portuguesa Mia Rose, a vocalista holandesa Esmee Denters e muitos outros. Talvez o maior beneficiado pelas novas mídias dos últimos anos seja a sensação pop canadense Justin Bieber. A ascensão à fama começou quando sua mãe o filmou cantando em um show de talentos e postou o vídeo no YouTube para compartilhá-lo com familiares e amigos. Cada vez mais pessoas assistiram ao vídeo, que acabou chamando a atenção de um pequeno grupo de divulgações on-line. Eles o ajudaram a aumentar o número de exibições no YouTube, até que um jovem empresário norte-americano, Scooter Braun, viu o vídeo e fechou para Bieber um contrato com a Island Records. Mesmo depois de contratado, Bieber continuou a usar a internet como sua principal ferramenta de divulgação. Atualmente, tem milhões de seguidores no Twitter e é ali que ele se comunica e se conecta com suas fãs adolescentes do mundo todo. Uma presença on-line pode ser poderosa: mantendo o canal no YouTube e a conta no Twitter ativos, Bieber passa a suas fãs a sensação de que elas o fizeram famoso e o levaram ao topo. Esse senso de gratidão aumenta a lealdade, e os resultados podem ser vistos no número enorme de seguidoras histéricas.

Bieber ainda não havia aparecido em cena quando Adele ingressou no MySpace. Ela ainda não tinha provas de que o efeito do mundo virtual pudesse ser traduzido em sucesso. No entanto, era exatamente isso o que estava prestes a acontecer. "Eu não sabia que o MySpace era tão influente naquela época", revela. "Então a Lily Allen e o Arctic Monkeys estouraram lá."

A XL Recordings estava assistindo, ouvindo e adoraram o que encontraram. A música de maior destaque para eles foi "Hometown Glory", a canção composta por Adele quando ela tinha 16 anos. O toque político chamou a atenção dos funcionários de um selo que valorizava artistas que escreviam canções com mensagens – mas se eles esperavam que esses comentários sociais fossem um traço constante das músicas de Adele no futuro, acabariam desapontados.

Adele conta que só precisou de 10 minutos para escrever "Hometown Glory". É de impressionar: é três vezes menos o tempo necessário para ouvir o trabalho terminado. E foi composta quando ela tinha apenas 16 anos. A canção tem um tom assombroso e melancólico, e as emoções permanecem muito tempo depois de ela terminar. No que diz respeito a canções de amor por cidades, a música não é alegre, nem de longe. Como já mencionado, ela aborda a política, fala sobre o fato de o governo e as pessoas estarem em lados opostos. As pessoas estão unidas, não aceitam nada ruim. Pelo tom político da música, poderia ter sido escrita nos anos 1980. A admiração que Adele sente por Billy Bragg, o cantor político daquela década, é fácil de perceber nessa música. De fato, o Style Council – o intenso e por vezes excêntrico Paul Weller, dos anos 1980 – teria adorado uma canção como essa. A parte que menciona pessoas protestando foi influenciada pelas experiências que Adele viveu de grandes marchas de protesto contra a guerra no Iraque. "Foi um momento muito importante ver todas aquelas pessoas unidas para se opor a algo. Havia punks de moicanos ao lado de meninos revoltados com blusa de capuz. Foi ótimo fazer parte daquilo. Compus 'Hometown' no violão, e foi a primeira música que escrevi do começo ao fim. Era para ser sobre minha mãe e eu discutindo sobre onde eu deveria cursar a faculdade. Eu queria ir para Liverpool no começo, mas depois mudei de ideia e quis estudar em Londres. Mas como amo ficar em casa e por ser muito dependente de minha mãe, ela queria que eu fosse para Liverpool para que eu me obrigasse a aprender a fazer as coisas sozinha, em vez de continuar indo para casa para jantar, com ela lavando as minhas roupas." Então, nesse sentido, foi um tipo de canção de protesto a respeito de valorizar as lembranças – boas ou ruins – de sua cidade. "Só estive em Liverpool duas vezes, mas não há nada que me conforte lá. Aqui em Londres, mesmo quando meu dia está ruim, sempre há algo que eu ame nesse lugar. Então, na verdade, é uma homenagem ao lugar onde sempre vivi." Em resumo, a canção, segundo ela, "tinha todas as minhas melhores lembranças de Londres".

 Mesmo que "Hometown" tenha sido escrita em resposta à pressão de sua mãe para que Adele deixasse Londres e fosse estudar em outro lugar, Penny reconhece que a filha tomou a decisão certa ficando na capital para correr atrás de seu sonho. "Ela está radiante", conta Adele. "Ela ficava dizendo: 'Vá trabalhar, vá trabalhar' e eu dizia: 'Não, não me enche!'. E então fechei um contrato com uma gravadora, aconteceu tudo isso e agora digo que definitivamente posso ficar em Londres."

De fato, foi a primeira música que chamou a atenção da XL Recordings. Eles ficaram tão impressionados com as demos que entraram em contato por e-mail e pediram para marcar uma reunião. Durante um tempo, ela ignorou as mensagens. Nunca tinha ouvido falar do selo e desconhecia a grande e brilhante competência artística deles. Na XL, não devem ter entendido por que ela não estava respondendo. Talvez ela já tivesse assinado com outro selo.

"Eu não sabia que eles produziam todos aqueles nomes maravilhosos", explica Adele a respeito de seu período de silêncio. A única gravadora cujo nome ela reconhecia naquela época era a Virgin Records, de Richard Branson. "Quando comecei a receber mensagens, não sabia o que fazer, não sabia em quem acreditar. Não sabia se eles estavam sendo sinceros." Ela achava que a melhor coisa que poderia sair de uma reunião seria a oferta para que trabalhasse como funcionária. Então, levou um amigo à reunião com a XL. "Todo cuidado é pouco ao se encontrar com alguém que você só conheceu pela internet. Eu pedi a meu guitarrista, Ben, que fosse comigo à minha primeira reunião com a XL Recordings", conta. "Ele é baixinho, parece um duende, mas eu nunca havia ouvido falar da XL e pensei que podia estar indo ao encontro de um pervertido, um maluco."

A XL convenceu Adele de que eles eram sérios e então chegou o momento de ela procurar um empresário. "A primeira pessoa que me falou sobre Adele foi o cara que acabou assinando um contrato com ela, Nick Huggett, que estava na XL naquela época", afirma Jonathan Dickins, o homem que por fim seria o empresário de Adele. "Ele disse que eu deveria conhecer aquela menina. E que havia acabado de vê-la no MySpace."

Jonathan Dickins é de uma família importante na história da música. Seu avô, Percy Dickins, foi cofundador da publicação semanal *New Musical Express* e, em 1952, teve a ideia de criar uma parada da música pop com base nas vendas de discos. Antes disso, a popularidade era avaliada com base nas vendas de partituras. O tio de Jonathan foi presidente da Warner Brothers no Reino Unido por muitos anos, e seu pai é um empresário que já trabalhou com uma constelação de estrelas, incluindo Bob Dylan, Diana Ross e Neil Young.

Como o próprio Dickins mais jovem relata, a indústria da música era o negócio de sua família: "Era tudo o que eu sabia fazer". Ele queria seguir os passos dos membros da família, mas teve cautela, à procura do próprio nicho. "Eu tive muito cuidado ao tentar a minha própria carreira na música e procurei não fazer exatamente as mesmas coisas que eles faziam, mas queria ser bem-sucedido na minha própria esfera da indústria", contou ao site Hit Quarters. Depois de trabalhar com artistas e repertórios, acabou optando pelo gerenciamento artístico e, em 2006, deu início à própria empresa, a September Management. Ele atribui o entusiasmo a esse trabalho em parte por ter uma política de apenas trabalhar com artistas cuja música admire. "Eu ainda faço as coisas ao modo antigo. Sempre vou pela intuição: eu compraria? Eu ouviria aquilo?." Entre seus ídolos empresários, estão David Geffen e Elliot Roberts, e, quanto ao gerenciamento de música, ele acredita que a melhor maneira de divulgar um novo artista é por meio dos shows ao vivo. Ele acredita que o rádio e outros caminhos são menos confiáveis, apesar de sempre manter a mente aberta, analisando as mudanças na indústria.

Quando conheceu Adele, decidiu que queria trabalhar com ela. Acima de qualquer coisa, essa decisão teve base em um fato simples: ele a fazia rir. "Literalmente, eu sentia a barriga dolorida no dia seguinte", confessa ela.

Para ele, a decisão foi certa. "Foi a coisa mais sincera e direta que fiz em minha vida, na verdade." Um começo promissor para o que se tornou um relacionamento forte e importante para os dois. "Nós fizemos uma reunião e nos demos perfeitamente bem", relata Dickins. Conversaram sobre música e sobre os artistas de que gostavam. Adele ficou balançada, em parte, pela presença na lista dele de um de seus artistas favoritos. "Ela era muito fã de Jamie T. Adele tinha 18 anos, recém-saída da escola, e queria fazer uma carreira na música. Começamos a trabalhar juntos no início de junho de 2006 e conseguimos fechar um contrato para ela na XL Recordings no final de setembro do mesmo ano."

Um critério que ele usa para ajudar a decidir se vai ou não trabalhar com um artista é a concentração que o artista demonstra quanto ao que deseja da própria carreira. "Uma coisa que todos os grandes artistas têm é um senso claro do que são e do que querem alcançar", diz. "Isso é absolutamente essencial para mim." Era algo que Adele tinha e que o impressionou. "Essa área é total e completamente levada por grandes artistas, e não por empresários, advogados, gravadoras ou rádios." Em Adele, ele havia encontrado de fato uma grande artista, além de alguém cuja personalidade sempre estaria no controle. Ela não se retrai, não gosta de ficar observando. "Adele é incrível!", disse com entusiasmo nos primeiros dias de sucesso dela. "Para uma moça que acabou de completar 20 anos, é difícil acreditar na concentração que ela demonstra em relação ao que acredita ser certo para sua carreira", revela. "Então, ouvi e dei algumas ideias, e, de modo geral, as coisas se encaixaram. Eu não ficava falando: 'Podemos fazer isso e aquilo'. Eu procuro permitir que o artista assuma as rédeas."

No entanto, seu futuro empresário precisava ter certeza de que a voz das canções demo era realmente tão especial quanto parecia. Por isso, marcaram um show em Brixton para ele e o pessoal da gravadora poderem ouvir a voz de Adele pessoalmente. Quando ouviram, decidiram assinar. "O essencial nos grandes cantores é acreditar em cada palavra cantada", Dickins comenta a respeito da autenticidade de sua nova artista. "E acho que todos acreditam em todas as palavras que saem da boca de Adele."

O selo também ficou impressionado com a personalidade de Adele, além de seu talento. "Ela tinha pulso firme a respeito do que queria fazer", conta Russell. "Acho que ninguém herda isso da BRIT School. A pessoa adquire isso quando tem grandes instintos." Conversando sobre o primeiro material que eles produziram com Adele, Russell descobriu que um assunto era comum para muitos cantores de sua geração. "É muito difícil encontrar algo que não seja influenciado pela música negra norte-americana, de uma maneira ou de outra", afirma. "Tudo tem raiz no blues. O que temos visto no Reino Unido é um talento enorme compartilhado por artistas solo do sexo feminino e talvez exista uma concorrência não declarada ali. A voz dela tem algo especial. Ela se conecta a você diretamente. Seu tema principal – magoar-se – é abordado de um modo que fica fácil se identificar. É muito honesto. Ela é incrivelmente focada... Esse foco tem sido muito útil para ela em combinação com o talento com o qual ela nasceu."

Segundo Adele – que valia cerca de 6 milhões de libras em 2011 – foi um acordo modesto para um disco inicial. Com esse contrato, ela realizou apenas uma mudança notável em seu estilo de vida: "Eu fumava cigarros comuns, mas quando fechei o acordo, passei a fumar Marlboro Light". Muito dinheiro estava para aparecer. Quando compreendeu que era uma artista da música, com contrato em gravadora e muitas expectativas para o futuro, ela reservou um tempo para analisar o passado e deu crédito a quem acreditava tê-la ajudado: os professores e as dependências da BRIT School. "Apesar de no começo eu ter pensado 'Não vou estudar aqui! É uma escola-palco! Consigo sucesso sozinha!', acredito que devo meu sucesso *totalmente* à BRIT School, por ter me tornado quem sou hoje, por mais meloso e bobo que possa parecer. Porque, apesar de minha mãe ser a pessoa mais incentivadora do mundo, ela não saberia como me *direcionar*. Com ela, eu provavelmente teria seguido o caminho da música clássica, ou talvez Disney ou musical... Mas na BRIT School eu encontrei a minha direção, porque o curso de música era muito bom."

Ela ainda reforça a diferença entre a BRIT School e o estereótipo das escolas teatrais. "Não se trata de uma escola-palco comum, cheia de alunos que foram empurrados pelos pais. É uma escola cheia de alunos que dançam num salão congelante, descalços, por oito horas. E como antes eu estudava com alunos preguiçosos e grosseiros, que *queriam* crescer sem esforço e perturbar as pessoas, era muito inspirador acordar todos os dias para ir a uma escola com alunos que realmente queriam ser *produtivos* em alguma coisa e almejavam *ser* alguém na vida." Ela teve a impressão de que seus primeiros dias na indústria podiam ser comparados, em alguns aspectos, à atmosfera da BRIT School. Adele "veio diretamente da bolha da BRIT School para entrar em outra bolha". Não houve período intermediário. Enquanto muitas pessoas de sua idade estariam pensando na universidade, ou começando a trabalhar em escritórios, lojas e fábricas, ou simplesmente entrando em um período de inércia, ela saiu dos estudos e entrou diretamente na indústria da música. Seria normal que se sentisse sobrecarregada, como aconteceu. Mais tarde, ela pôde dar uma escapada e aproveitar um ano sabático, longe da música. Mas, naquela época, tendo escrito apenas três canções, ela tinha a atenção de grandes gravadoras, uma das quais havia assinado um contrato com ela. Mas, por mais animadores que esses avanços tenham sido, havia uma sensação de baixa autoestima em Adele quando entrou nesse novo mundo. Durante quase um ano, ela não escreveu mais nenhuma canção. Segundo ela, ao longo desses meses, "o futuro não me parecia muito promissor".

As coisas voltaram a ficar boas em junho de 2007, quando Adele fez sua primeira aparição na televisão no *Later...* com Jools Holland. Ela se lembrou de sua infância, de quando recebia a permissão de ficar acordada assistindo a programas de música com a mãe. Quase não acreditava estar ali. Para ela, aparecer no *Later...* tão jovem era memorável por si só, mas o mais impressionante foi ter sido convidada antes mesmo de lançar um álbum. Ela cantou "Daydreamer" apenas com o violão no acompanhamento. O descontraído Holland a apresentou com uma frase simples: "Em sua estreia na televisão, recebam, de Brixton, Adele".

Foi uma apresentação encantadora, ainda que levemente nervosa. Seu nervosismo era compreensível. Ela foi lançada com tudo no mar da televisão, sem nunca ter tocado a água antes, mas também estava cercada pela realeza da música. "Eles costumam colocar as pessoas no meio do cenário, mas por alguma razão eles me colocaram na ponta, bem na frente da plateia, com Björk à esquerda, Paul McCartney à direita e minha mãe chorando na minha frente", conta. "Eu conheci todos eles depois e não conseguia parar de chorar."

Na opinião dos funcionários do *Later...*, Adele havia passado no teste com honras. "Nós a colocamos no recheio do sanduíche formado por sir Paul McCartney e Björk antes mesmo de ela ter lançado um disco", confirma um produtor. "Mas como qualquer menina de 19 anos, confiante e de alta autoestima do sul de Londres, isso não a deixou assustada." Mas então por que eles haviam decidido incluir Adele em um momento tão inicial de sua carreira? "Quando nos apaixonamos por alguém, precisamos conquistá-lo", acredita o produtor do programa, Alison Howe. "Ela é um clássico. Não se encaixa em qualquer lugar, tem uma voz ótima. Espero que, ano que vem, a esta altura, ela tenha vendido tantos discos quanto Amy [Winehouse], e não vejo ela não conseguir."

Sua apresentação não foi impecável. O site da BBC, posteriormente, a descreveria como "cheia de desafinações por nervosismo". Mas foi boa o suficiente para lhe render um novo exército de fãs entre os 600 mil devotos musicais que costumam assistir ao *Later...* A atenção da mídia começou com o pé direito. Outros admiradores no início foram o jornal *The Guardian*, o DJ Zane Lowe, da BBC Radio 1, e a revista *Q*. Logo, a *NME* a descreveria como "a nova laureada arrasadora de corações de Londres".

Adele já estava em uma posição de destaque antes de lançar seu primeiro single, no dia 22 de outubro de 2007. Até mesmo alguns artistas de sucesso tiveram de lançar diversos discos antes de alcançarem a fama que ela já tinha. "Hometown Glory" era, inicialmente, um lançamento apenas em vinil pelo selo Pacemaker, de Jamie T. Foi lançada pela primeira vez dessa maneira cumprindo uma promessa que Adele havia feito a ele. "Ele disse: 'Mas você prometeu que eu poderia apresentar 'Hometown' antes...'", conta Adele. Semanas antes do lançamento, já estava sendo tocada nas rádios. Já havia aparecido na lista da Radio 1 na lista B e na Radio 2 na lista C, o que significava que era tocada com frequência.

Dickins ficou surpreso com esses avanços significativos. "As expectativas em relação a esse single, de nosso ponto de vista, não eram enormes, apesar de, obviamente, considerarmos a canção excelente", relatou na época. "É incrível como tem sido bem-aceita na imprensa e no rádio. É uma breve introdução até que o primeiro single dela seja lançado na XL em janeiro."

O encarte do disco mostra Adele sentada à mesa em um café. Dois atendentes, de uniforme branco, estão conversando ao fundo, mas a modelo está distante e reflexiva, com uma xícara de chá à sua frente. Como o jornal *Observer* concluiu posteriormente: "Certo tom havia sido estabelecido".

A reação do público foi promissora desde o começo. Para o lado B, ela escolheu gravar um cover de "Fool That I Am", de sua cantora favorita, Etta James. Ela escolheu a canção porque queria apresentá-la ao vivo. "Eu senti que precisava reforçar meu repertório apresentando covers, então decidi incluir "Fool That I Am" em meu show", afirma. "Bem, foi uma canção que mudou tudo para mim. Ela me inspirou a querer escrever minhas próprias canções, ser honesta e tentar tocar as pessoas. Basicamente, eu a considero uma bela canção, adoro cantá-la. Então, pensei que seria bom para os meus fãs se eu a incluísse nesse single."

No site da Rock Feeback, o escritor Chris O'Toole elogiou Adele. Escreveu que ela "canta com prazer e paixão e pode fazer chorar o mais durão dos durões". Comentando especificamente sobre "Hometown Glory", ele tentou colocar a canção no que viu como um contexto correto. "O cigarro queimou as últimas brasas. Você chegou ao fundo da última garrafa de vinho barato. A moça que você não está conseguindo conquistar está vestindo o casaco para ir embora e lhe pedindo que chame um táxi. Você coloca 'Hometown Glory' para tocar e talvez, quem sabe, tudo dê certo."

Sarah Walters, do site City Life, descreveu a canção assim: "Emocionante... ainda que sem direcionamento". E acrescentou: "Ainda há espaço suficiente para Adele brilhar como uma estrela única".

"Hometown" não entrou para as paradas quando foi lançada, mas, devido ao fato de uma edição limitada em vinil ter sido lançada, isso foi inevitável. É uma canção que posteriormente seria incluída nas trilhas sonoras de diversas séries de destaque da televisão. Em abril de 2008, ela apareceu na famosa série do Channel 4, *Skins*. Captou o humor do programa e a atenção dos telespectadores. Logo voltou a figurar nas paradas. Semanas depois, foi incluída no drama adolescente norte-americano *One Tree Hill* (*Lances da Vida*). Além de dar destaque merecido a Adele, tal fato apresentou a música dela a milhões de jovens norte-americanos. No entanto, algo ainda mais significante estava para acontecer.

A série médica de televisão *Grey's Anatomy* com frequência consegue cerca de 20 milhões de telespectadores nos Estados Unidos. Também já ganhou diversos prêmios e é assistida por milhões de pessoas pelo mundo. Ter uma canção incluída na trilha sonora de um episódio é algo grandioso para um artista. Assim, quando "Hometown Glory" tocou durante o final da quarta temporada, foi um grande passo para a carreira de Adele. A canção havia sido escolhida depois que Alexandra Patsavas, que já trabalhou como selecionadora de música para inúmeras grandes séries de televisão nos Estados Unidos, viu Adele cantar no Hotel Cafe perto de Sunset Boulevard, em Los Angeles. Ela adorou a canção e sabia que se encaixaria bem na série. Conversou com seu amigo Jonathan Palmer, da Columbia, e logo a canção foi incluída na série.

O casamento entre "Hometown Glory" e a televisão perdurou quando foi incluída em diversas outras séries no Reino Unido ao longo de 2008. Na segunda metade do ano, apareceu três vezes na novela *Hollyoaks*, do Channel 4. Parecia uma canção perfeita para a trilha sonora de histórias de jovens fictícios e para a dor e os desafios da vida. Por exemplo, foi usada em *Hollyoaks* durante um episódio no qual um dos personagens mais populares morreu. Outros programas nos quais ela apareceu em 2008 foram: *The Secret Diary of a Call Girl* e no reality show norte-americano *So You Think You Can Dance*. Isso não seria o fim de sua influência cultural na televisão e em outros meios.

No verão de 2008, a canção já tinha sido oficialmente lançada – e a vida de Adele estava mudando depressa. "Da noite para o dia, passei de atriz coadjuvante para principal, e todos os jornais escreveram matérias sobre mim", relata. Sua estreia na fama foi repentina e ela explica como se sentiu: "Dei uma entrevista e ela se espalhou. A primeira vez em que uma frase sua é colocada fora de contexto é assustador. Você não se lembra do que disse, mas sabe que nunca diria algo do tipo...".

"Hometown Glory" havia chamado a atenção, e seu empresário analisou a rapidez com que ela se tornou famosa e bem-sucedida. Ele acreditava se tratar de um simples caso de qualidade sendo recompensada e evitava qualquer explicação que fosse além disso. "Adele é simplesmente brilhante. Não acredito que haja mistério por trás disso.

Ela possivelmente é a melhor cantora, ou uma das melhores, que eu já ouvi na vida. Aquela voz é inacreditável. A combinação daquela voz com uma canção como 'Hometown Glory', que foi a canção que realmente a lançou, ficou incrível. Ela se destacou total e completamente", declara.

Destacar-se era exatamente o que Adele estava começando a fazer, conforme seu talento se espalhou pelo Reino Unido como um incêndio cada vez mais forte e incontrolável.

Para ajudá-la com a transição, ela teve a companhia de seu empresário e da gravadora, e também de um exército cada vez maior de amigos criativos. Em 2006, conheceu o cantor e parceiro de selo Jack Penate, na boate 333 em Hoxton, Londres, numa festa chamada "Troubled Mind" ["Mente Perturbada"] e eles se tornaram bons amigos. Ela trabalhou com ele, que adorou o talento natural dela. Por duas vezes, ela participou de gravações de Penate como *backing vocal*. A primeira foi na estreia de seu álbum *Matinee*, de 2007, na faixa "My Yvonne". A segunda foi em 2009 e aconteceu de modo muito casual. "Adele estava em Notting Hill e eu telefonei para ela e perguntei: 'Pode fazer essa canção?'. Como sempre, ela chegou e arrasou. Sua voz sempre causa impacto em tudo, porque é linda", analisa.

Adele também se deu bem com o respeitado produtor musical e influente na indústria, Mark Ronson. Ela havia se tornado sua fã desde 2003, quando ele lançou o álbum *Here Comes the Fuzz*. Ele a convidou para ir a Nova York, onde a levou a seus lugares favoritos.

"Mark é muito engraçado", comenta. "Sempre acho que ele tem uns 24 anos, mas tem 32. Ele é velho!"

Adele reuniu um grupo a seu redor definido como "Equipe Adele", cujos participantes têm sido reconhecidos pelo brilhantismo de suas atitudes. Existe uma sensação de família no grupo tanto metaforicamente, no sentido da proximidade, como literalmente, uma vez que a irmã de Dickins, Lucy, também faz parte do grupo. "Eu a conheci longe de Jonathan e a adorei e não liguei as coisas", recorda Adele. "Eu conversei com ele e disse: 'Conheci uma agente, o nome dela é Lucy Dickins'. Ele respondeu: 'Ah, ela é a minha irmã'."

Kirk Sommer, da William Morris, a gigante agência de entretenimento, também entrou para o grupo. "Eu ouvi o nome dela em alguns lugares importantes e conheci sua música on-line", relatou a uma revista de música. "Foi amor à primeira ouvida. Tentei entrar em contato com Jonathan por muitos meses. Eu me apeguei e, quanto mais ouvia, mais queria trabalhar com ela."

Brad Hunner é outra parte importante da Equipe Adele. Ele é um promotor musical que trabalha para uma organização chamada Radar Plugging. Dada a enorme presença de Adele nas rádios, a contribuição dele não pode ser colocada em dúvida. Tocar no rádio é essencial para lançar um artista pop, mesmo na época do marketing on-line e dos downloads. Hunter deixou Adele orgulhosa, colocando seu nome nas emissoras nacionais muito antes de ela ter lançado um disco. Hunter já havia trabalhado para a Anglo Plugging, mas, em 2006, lançou sua agência de divulgação em rádio independente. Sua sede ficava no escritório da XL Recordings, em Notting Hill, o que o levou ao centro da operação que estava prestes a lançar Adele ao mundo. Quando ele chegou, o diretor da XL, Ben Beardsworth, disse que a presença de Hunner "melhoraria as coisas".

Quando essas mentes inteligentes e mãos seguras se uniram para arquitetar a carreira de Adele, não foi apenas a cantora que se beneficiou. Apesar de as grandes vendas de disco estarem naturalmente a seu favor, assim como o empresário e o selo de Adele, a indústria toda da música precisava de um triunfo como ela. Uma máquina de sucessos como Adele é exatamente o que a indústria esperava. A confiança que pessoas da música como Russell têm na tecnologia moderna é, em grande parte, justificada pelas conquistas de Adele. Dois dos artistas que mais venderam nos últimos tempos foram descobertos pela internet: Adele e Justin Bieber. Os milhões de discos que esses dois artistas venderam no mundo todo são prova de que a internet pode ser a melhor amiga, e não inimiga, do ramo da música.

No fim de 2007, Adele não tinha como duvidar de que o ano seguinte seria maravilhoso. Em outubro, ela tinha sido destaque na seção "Flash Forward", do *The Guardian*. No texto, Sarah Boden comentava o talento de Adele e o fato de ela ser uma cantora soul improvável. "Com sua pele clara, olhos felinos e penteado dos anos 1960, a moça de 19 anos não parece uma cantora de soul", escreveu.

Dois meses depois, Adele recebeu notícias sensacionais. Estava concorrendo a seu primeiro prêmio na escolha dos críticos na cerimônia do prêmio Brit. Mais de mil pessoas envolvidas na indústria e críticos haviam elegido Adele para o prêmio, especialmente criado para destacar os artistas que estouravam no ano da cerimônia. Ela tinha concorrentes de peso, como os sensações da Oxford, Foals, e Duffy, a cantora de soul e jazz galesa.

O resultado dessa honra foi que a imprensa estava começando a realmente notar Adele. Para aqueles que já a admiravam, ela estava recebendo a atenção que tanto merecia. Alguns detratores acreditavam que aquilo tudo era exagero. A cobertura foi inevitável, e a própria Adele reagiu, com o humor de sempre, quando soube que havia aparecido no *Daily Mail*, típico jornal de classe média britânico. "O *Daily Mail*? Estou num jornal chique, eu leio o *The Sun*."

Inevitavelmente, as matérias às vezes focavam sua aparência. No século XXI, tão voltado para a imagem, quando muitas estrelas pop são muito mais bonitas para olhar do que para ouvir, Adele remontou a tempos passados. Ela nos fez lembrar de épocas nas quais nos importávamos mais com a música do que com a imagem dos artistas. Em entrevista ao *The Guardian*, ela fez um manifesto a respeito de seu peso. "Eu li um comentário no YouTube que pensei que fosse me magoar", revela. "'Piloto de testes de tortas', mas sempre usei tamanho GG e nunca me importei com isso. Eu só perderia peso se afetasse a minha vida sexual, o que não acontece." E complementou: "Mas posso perder mais peso quando sou pressionada."

Conforme o assunto continuou sendo abordado na imprensa, Adele passou a aceitar que teria de conviver com ele para sempre. Apesar de alguns comentários não serem críticos ou maldosos, sua aparência era sempre citada. O fato de ela não ser supermagra e de sua aparência não ser de uma supermodelo fascinava a imprensa e provocava sentimentos fortes. Para alguns, foi visto como uma vantagem e algo positivo. Eles passaram a tratá-la como a menina da capa para meninas que não saem na capa: uma mulher famosa que definiu as regras que costumam guiar as celebridades do sexo feminino. Outros críticos e jornalistas foram apenas mal-humorados. Já Adele preferiu não dar muita importância à sua aparência. "A imprensa sempre tenta trazer esse assunto à tona", declarou ao *Daily Telegraph*, "mas eu não me importo. Se eu quisesse estar na capa da *FHM*, então é claro que eu diria: 'Caramba, preciso perder peso' ou 'Preciso cuidar dos dentes' ou 'Preciso de um bronzeamento artificial'. Mas prefiro sair na capa da *Q* por causa da minha música". Felizmente, ela não tinha o menor desejo de começar a fazer exercícios físicos, nem de "subir uma rampa correndo", nada disso. "Preferiria pesar cinco toneladas e fazer um disco incrível a parecer a Nicole Richie e fazer um disco ridículo", disparou, segurando um cigarro. Para finalizar, acrescentou: "Se um dia você me vir muito magra, vai saber que há algo de muito errado comigo".

Assim, ela fez o que pôde para dar pouca importância ao assunto, chegando a declarar a um jornalista como se sentia. "Permitir que alguém nos diga como manter a nossa aparência é ser um produto, e eu não quero ser um produto. Posso dizer que meu look é chique-

-despojado. Simplesmente uso camisas enormes com calça jeans justa e carrego uma bolsa enorme e pronto. Não quero que as pessoas percebam como sou. Apesar de isso provavelmente não estar funcionando, por eu ser mais gorda do que a maioria nessa profissão, mas quero que as pessoas simplesmente me escutem." Ela explica que sempre manteve a questão de sua aparência em segundo plano. Adele venceu como uma mulher que gosta de se divertir e que só se lembraria desse assunto se ele atrapalhasse a sua alegria. "Não me importo com roupas – prefiro gastar meu dinheiro com cigarro e bebida", confessa. "Nunca senti essa pressa. Minhas amigas e eu comemos um prato cheio de macarrão se estivermos com fome... não nos importamos. Os meus amigos gays costumam se preocupar mais com o peso. Eles dizem: 'Não posso comer carboidratos!'. Isso nunca foi um problema para mim, não quero fazer dieta. Não quero comer uma salada *Ceaser* sem molho. Por que desejaria algo assim? Não tenho tempo para isso, só quero ser feliz sem ser idiota." São conselhos sensatos e dados com convicção, e o público ficou admirado com o que ela disse.

Seu estilo foi algo que atraiu muitas mulheres – não apesar de sua atitude, mas por causa dela. Ela se tornou fiel aos produtos que usa no rosto e aos seus perfumes. "Como eu uso muita maquiagem quando estou trabalhando, gosto de produtos para a pele da Weleda, porque eu me sinto muito bem com eles", afirma. "Minha pele volta ao normal, não cheia de base. Também tenho obsessão por brilho labial e uso diversas marcas. Estou usando cerca de dez tipos. Adoro a maquiagem da Chanel e meu perfume favorito é o Hypnotic Poison, da Christian Dior." Os cílios falsos são uma parte forte de sua imagem. E, de modo característico, Adele brinca ao descrever suas principais fontes para obter os cílios: "Ah, sim, adoro os cílios Shu Uemura e MAC. Gosto de parecer uma *drag queen*. Mas nunca usei extensores de cílios. Minha mãe usa e acorda de manhã parecendo uma bêbada, porque eles ficam todos tortos", ri. "Não consigo manter os meus cílios sozinha e preciso de alguém que cuide deles, por isso os falsos funcionam bem comigo." Seu modelo de cílios longos foi a cantora Shakira. "[Ela] fica linda com seus cílios compridos e sem nenhuma outra maquiagem, mas não acho que eu me daria bem com esse look. Gosto de cílios falsos e de muita maquiagem nos olhos."

Adele sabe ser generosa com outras mulheres quando o assunto são ícones de beleza. Apesar de estar em destaque, ela não costuma ser ácida gratuitamente. As incluídas nesse grupo são muitas e é óbvio que Adele sempre respeitou as mulheres cujo charme era natural. "Acho que Fearne Cotton sempre está linda e natural, como se não tivesse feito nenhum esforço", comenta. "Parece que ela levanta da cama linda. Não consigo fazer isso, preciso de muita preparação, mas ela é naturalmente bela. Halle Berry também é muito linda, e a Queen Latifa tem a pele mais bonita de todas. Ela fica melhor sem maquiagem do que maquiada."

Adele conta sobre como passou a ficar obcecada por bolsas de marcas. Afirma que já comprou um número suficiente para ir à falência. E é verdade que ela raramente é vista sem uma bolsa de marca a tiracolo ou na mão, e algumas delas custam milhares de libras. Um de seus modelos mais caros é uma Chanel: uma bolsa roxa de retalhos que a deixou mais de 2 mil libras mais pobre. Para Adele, valeu a pena cada centavo. A mesma coisa pode ser dita a respeito de sua bolsa Burberry Knight. O acessório grande custou cerca de 1.300 libras. Entre outras bolsas de marca que ela comprou, estão a Jimmy Choo Rosabel, a Louis Vuitton Monogram Canvas Galliera e a bolsa de nome e preço extravagantes Caviar Monochrome, da Chanel.

Mas Adele não é só de gastar muito. Por exemplo, um dia, ela saiu de uma loja da Louis Vuitton e entrou em uma loja de roupas barata, chamada Primark. Ela sempre gostou dessa loja. "Adoro a calcinha de uma libra, com todos os desenhos diferentes e frases engraçadas. E laços. Só dá para usá-los uma vez, porque eles se desfazem." Ela também usa unhas postiças. Ela as chama de "unhas do gueto" e diz que elas fazem com que se sinta "uma mulher".

Quanto a relaxar no fim do dia, ela sempre foi fã de vinho tinto e despretensiosa em relação a marcas. "Não ligo muito, Cabernet basta", diz. Enquanto isso, entre seus pratos preferidos, está o assado tradicional de domingo com cebolas e, como petisco, ela adora sanduíche de ovo e batatas prontas com molho Worcester. "Gostoso pra caramba!" Esses gostos mais simples contrabalançam seus gostos mais caros.

Mais adiante, em 2008, ela conta como teve de respirar fundo e se dedicar ao que já sentia que seriam 12 meses difíceis. Estava claro que seu nível de fama e reconhecimento cresceria muito. Inevitavelmente, isso traria pressões e desafios, além de novas liberdades e alegrias. Ela assumiu uma atitude drástica em relação ao futuro. "Se eu não gostar [do sucesso], desisto", conclui. "Você não precisa perder a privacidade. Se estiver no controle de sua carreira, não será seguido. Apenas não vá a locais repletos de celebridades."

Um dos primeiros desafios seria controlar a própria reação à reação do público ao seu prêmio Brit. "Fico muito lisonjeada por ter vencido nessa categoria", confessa. "É fantástico ver muitas pessoas torcendo por mim. Sempre quis um prêmio Brit e estava pronta para receber um!", ri. O presidente do comitê britânico, Geg Doherty, a descreveu como uma "vencedora merecedora" e completou: "Muitas felicitações a Adele, pois sei que a competição foi acirrada".

Mas Adele logo percebeu que as notícias de seu sucesso não foram recebidas com aprovação mundial. Enquanto era entrevistada na imprensa, já estava consciente de que havia críticas maldosas a respeito do prêmio e ao fato de tê-lo recebido. Ela percebeu, desde o começo, que havia algo estranho nessa história. "Descobri em dezembro, depois de participar do programa de Jonathan Ross", relata. "Mas alguém me contou a respeito da cerimônia um mês antes, de que o prêmio Brit estava sendo preparado para mim. Não acreditei, eu respondi: 'Ah, claro, como não?'. Quando meu empresário me contou, procurei minha família para anunciar: 'Fui indicada para receber o prêmio Brit', mas ele me corrigiu: 'Não, Adele, você já o venceu', então foi um pouco estranho. É meio esquisito receber um prêmio antes de fazer alguma coisa, não é? Haha! Mas tudo bem." Ela respondeu diretamente à sugestão de que o prêmio tinha sido criado apenas como uma desculpa para aumentar a sua publicidade. "Não acho que foi inventado para mim. Isso seria muito, muito engraçado, não acha? Ai, meu Deus!", ri. "Mas acho que é um prêmio muito bom. A impressão que tive do prêmio e do fato de ele ter sido anunciado em dezembro foi de que ele foi criado para colocar em evidência o vencedor. Estou recebendo muita atenção no momento, então ele é muito bem-sucedido para o que foi criado. Enfim, acho que eles deveriam ter um prêmio desse tipo todos os anos."

Um jornalista perguntou se ela havia pensado em rejeitar o prêmio por medo de receber muita pressão e atenção com as quais não estava acostumada. "Não, sou uma oportunista! Haha! É claro que não vou rejeitá-lo! Sempre quis um também. Bem, quanto à pressão e à atenção, não posso fazer nada a respeito. Estou um pouco cansada dessa superexposição, mas não tenho dado muitas entrevistas. As pessoas apenas estão escrevendo sobre isso. Acontece, sabe?."

Quando ela chegou à cerimônia do Brit, deu uma série de entrevistas no tapete vermelho literal e metafórico. Parecia animada em relação à noite que estava por vir, mas procurou falar de outros assuntos. "Gosto de assistir. Não é tão glamoroso quanto parece, sabe? Mas é muito divertido e é possível conhecer um monte de gente. Eu até encontrei alguns amigos, o que é ótimo." O Brit não era a única coisa em sua mente, pois também havia recebido seu álbum pronto.

"Estou muito animada, recebi o álbum finalizado hoje, com todas as embalagens e tal, o que foi bem bacana."

Perguntaram o que ela vinha fazendo e como se sentia. "Ando bem, obrigada. Ocupada. Promovendo meu disco e divulgando o meu álbum, fazendo turnês." Apontando para a fila da imprensa no evento, ela disse: "E fazendo isso há cerca de cinco dias". Com uma participação numa canção de Mark Ronson naquela noite, ela parecia toda cheia de expectativa, como de costume. "Não se trata de uma canção que eu faria. É suave, bem quente". Ao falar de outros artistas envolvidos no show de Ronson, acrescentou: "Eu acho que mesmo que todos nos saiamos um lixo, ainda assim será maravilhoso".

Perguntaram quem ela queria ver se apresentar, e a lista não terminava mais, até incluir quase todos os artistas que se apresentariam. Não havia como não amá-la. Quando perguntaram se ela acreditava que a desbocada família Osbourne diria palavrões ao vivo na televisão, ela respondeu: "Espero que sim, espero que sim. Seria ótimo".

Então chegou a hora de revelar como conseguia manter a confiança em uma noite tão assustadora. "Tomo um pouco de coragem líquida, sabe? Uma boa dose de álcool." E acrescentou que estava um pouco nervosa para a participação na apresentação de Ronson.

Para Adele, ainda tão nova no jogo das celebridades, foi uma experiência esquisita estar perto de tantos rostos famosos numa noite. Para eles, noites como aquelas eram normais. Adele ainda não estava acostumada e, quando falou sobre como se sentia, suas palavras se conectaram com a plateia em casa. Assim como ela, eles nunca conseguiriam ficar calmos naquele ambiente. Para o telespectador comum, não havia como não perceber o nervosismo de Adele. "Tem sido maravilhoso, mas também assustador", admitiu. "Eu me comporto como uma idiota perto de outros astros. É muito estranho estar em cena. Demora cerca de meia hora para alguém sair de cena. Uma grande diferença de Barfly em Camden... mas é bom!" Quando perguntaram se ela ficaria nervosa entre as estrelas, ela comparou os artistas que a impressionavam com os que não. Apontando para os Klaxons e para Kaiser Chiefs, ela disse: "Não entre eles", mencionando já conhecê-los. "Mas se eu vir, por exemplo, Leona Lewis ou Kylie, provavelmente ficarei um pouco nervosa."

E ninguém menos que Kylie falou de Adele e do impacto que exercia sobre ela: "Adele, com aquela música de cortar o coração, é divina. Na verdade, é o que tenho cantado o dia todo".

Uma das entrevistas pré-show mais divertidas de Adele foi com a estrela do rádio Chris Moyles, da rádio BBC, e seu companheiro Comedy Dave. Adele declarou que saber com antecedência que ela era a vencedora fez com que conseguisse se preparar para o evento. E confessou: "É muito bom saber de antemão". Sem o elemento surpresa, ela explicou que ia chegar dos bastidores para pegar o gongo, em vez de fazer o tradicional caminho para o palco saindo de uma mesa. Isso reduziu a chance do desastre cômico com o qual ela vinha se preocupando. "Sim, às 8h21, vou pegá-lo", revelou com notável precisão. "Mas não vou subir, vou para os bastidores e então continuo andando. Eu estava ansiosa para subir, mas acho que assim não levarei um tombo." Ela admitiu que não tinha nada de educado e preparado para dizer ao receber o prêmio. "Não sei... eu tinha um discurso, mas anulei." Também brincou a respeito da natureza instável das cerimônias de premiação e a tendência que os nomeados sem sorte tinham de tentar esconder a decepção. Já sabendo como a indústria da música é efêmera, ela ironizou: "No ano que vem, se eu for indicada e não vencer, terei de sorrir com fingimento, como quem diz 'Puxa, estou tão feliz por fulano ter vencido', e não sou muito boa nisso".

Depois levou a conversa para um aspecto mais engraçado. Moyles perguntou se ela se sentia atraída por ele, e ela respondeu assim:

"Você se parece com o irmão de meu pai". Não foi bem a resposta que ele esperava receber. "Isso é meio esquisito", Moyles respondeu, "não queria que ficasse esquisito". Para melhorar a brincadeira, ela rebateu: "Você é bem mais velho do que eu, Chris". Moyles, adorando a resposta, logo respondeu: "Sim, mas estou podendo". Mas Adele também é rápida e ele já havia terminado de falar quando ela disse: "Eu também".

Essa estranha conversa não surgiu do nada, pois Adele de fato já havia revelado, a uma nação surpreendida, que considerava Moyles atraente. Foi durante uma entrevista com Jo Whiley, no *Live Lounge*, da BBC Radio 1. Posteriormente, ela disse que não sabia que a entrevista era ao vivo. Não é preciso dizer que Moyles ficou feliz quando soube. "Ele passou a semana toda dizendo que eu gostava dele, mas meu tipo sempre muda", confessa. "Gosto de Chris Moyles, Colin Firth, Ryan Phillippe e Jamie Oliver." Trata-se de uma ampla coleção de homens, desde o malandro Moyles, com sua psique apurada, passando pelo mais gentil, Firth, e terminando com o mais bonito, Phillippe. Mas Adele sempre teve gostos variados, como vimos em suas paixões platônicas adolescentes: Will Young e Mike Skinner. "Gosto de boas costas", continua. "Gosto das costas de Jake Gyllenhaal. Naquele filme com Jennifer Aniston, *Por um Sentido na Vida*, quando ele está em cima dela, as costas dele estavam tão em forma que até a minha mãe disse: 'Uau!'. Então, boas costas e senso de humor. Não gosto de caras malhados que não têm senso de humor. Eu prefiro um cara feio porém engraçado, entendeu?"

Enquanto esperava nos bastidores para pegar o seu Brit, ela começou a se lembrar de outras cerimônias a que havia assistido. Em 2006, ficou na primeira fila da plateia. Os alunos da BRIT School recebem convites para ficar na frente do palco. Adele estava ali, assistindo, quando artistas como Kaiser Chiefs, Coldplay e James Blunt venceram. Ela viu Paul Weller, Kelly Clarkson e Prince se apresentarem. Apenas 24 meses depois, ela estava ali, nos bastidores, esperando para receber o prêmio. Que virada espetacular em sua vida! Ouviu Sharon Osbourne apresentar sua categoria. A anfitriã famosa explicou a relação entre o apresentador e o vencedor. "Para entregar este prêmio a ela, chamaremos um homem que tem um lugar especial em seu coração", anunciou. "Afinal, ela levou advertência na escola por brigar por causa dele. Uma pena, pois se ela soubesse tudo o que sabemos sobre ele... Bem, recebam o lindo mestre Will Young."

O Mestre Young, então, subiu ao palco e fez seu anúncio. "Boa noite, pessoal. Este é o prêmio Brit e é dado a uma artista que a maioria dos críticos acredita que fará muito sucesso em 2008. A vencedora deste ano já confirmou as expectativas dos críticos, porque seu álbum de estreia, o *19*, conseguiu o lugar número 1 nas paradas. Parece que vai continuar no topo por muito tempo. É apropriado que a vencedora seja formada na BRIT School, já que seus alunos estão todos aqui na minha frente. Porque este evento, por meio de sua confiança, ajuda a patrocinar a BRIT School. A lista de honra da escola fica mais comprida a cada ano, com Amy Winehouse, Katie Melua, Kate Nash e membros dos Kooks e do Feeling. E, agora, outra artista enormemente talentosa entra nesse rank. Isso me dá enorme prazer. Vamos receber com uma salva de palmas a linda Adele."

A plateia a recebeu com muito entusiasmo. Os alunos da BRIT School, em especial, fizeram muito barulho e estavam muito orgulhosos. Adele era e é uma inspiração para eles. Ela é prova viva da possibilidade de os sonhos deles se tornarem realidade.

"Olá", ela disse com nervosismo ao chegar ao palco. "Oi. Uau! É muito bom estar aqui, finalmente! Tenho esperado há três meses. Não vou falar muito, porque eu acho que discursos são muito chatos, mas quero agradecer a algumas pessoas. Ai, meu coração está batendo muito depressa.

A todos que votaram em mim para ganhar o prêmio, muito obrigada. Meu empresário, Jonathan, que esteve presente desde o primeiro dia, eu amo muito você. E minha linda mãe. A Alison Howell, a todos na XL e na Beggards, Nick Huggett, que partiu pra outra, mas eu ainda amo você. A Jamie T., a Jack Penate, à BRIT School... e a todos que compraram o meu álbum, muito obrigada." E se despediu dizendo: "Boa noite!".

Ao mencionar a demora para o prêmio, Adele deu um sinal de como estava cansada de falar sobre isso, mas ao finalmente pegá-lo, percebeu que o assunto só estava começando. Sua primeira entrevista pós-prêmio foi com o apresentador de televisão Fearne Cotton. Tentando aumentar a energia e a animação nos bastidores, Cotton lhe disse: "Este é o primeiro ano deste prêmio, e aqui está!".

Adele olhou para o prêmio e disse: "Legal, obrigada" e riu. O clima esquisito persistiu quando Cotton perguntou se a ficha de que ela havia ganhado já tinha caído. Foi um momento estranho, mas divertido, típico de entrevistas desse tipo. A imprensa está cheia de entusiasmo para falar, sem parar, sobre assuntos que não têm nem metade da importância. Adele continuou sem saber o que pensar sobre o prêmio. Posteriormente, admitiu, durante uma entrevista para o site Clash Music, que o prêmio tivera um preço. "Foi um pouco pesado, eu me senti desconfortável com tudo", disse. "Todo mundo pensando... sabe o que eu acho? Não foi bem 'Nossa, ela ganhou um prêmio Brit porque foi bem'. Mas, sim, todo mundo estava pensando que eu iria bem."

Conforme seu sucesso continuou a aumentar, Adele foi percebendo os perigos. Ela ficou assustada e com medo quando percebeu os possíveis problemas da fama. "É uma armadilha mortal essa indústria", confessou ao *Daily Telegraph*. "Sabe como é, você toca para duas mil pessoas que adoram você, então você volta para o quarto de hotel sozinha. Isso é desanimador." Lidar com a adrenalina depois do show há muito tem sido um desafio dolorido para artistas de todas as espécies. "As pessoas não costumam passar por isso intactas, não é?." Mas ela tem motivos para crer que vai sobreviver às exigências da fama. Apesar de frequentemente ser comparada à trágica Amy Winehouse, ela afirma ter uma grande vantagem em relação à sua colega da BRIT. Apesar de confessar livremente ter o "vício de fumar e de beber vinho", Adele admite nunca ter experimentado coisas mais pesadas. "Nunca, em minha vida, consumi uma droga ilegal. Quero ser conhecida pela minha música. Não quero aparecer na imprensa por ter cocaína no nariz, porque minha avó vai ver."

Apesar disso, ela tem empatia por Winehouse e pela maneira com que sua vida e carreira foram desafiadas por suas atitudes hedonísticas. Sua homenagem a Winehouse depois de sua morte em julho de 2011 foi especialmente eloquente e tocante. Como a própria Adele já afirmou, ela não usa drogas, mas gosta de beber. Consequentemente, ela sabia que, apesar de não se imaginar seguindo os maus passos de Winehouse, não podia descartar tal destino. "Eu me preocupo com isso. Tenho certeza de que, se você perguntasse a Amy Winehouse, três anos atrás, se ela temia terminar desse jeito, ela teria dito: 'Não'. Mas é fácil cair nessa. Não uso drogas, nunca usei drogas na vida, mas bebo muito. E, quando faço um show e tenho seis horas para matar, simplesmente fico bêbada por estar entediada. Então eu vejo que pode acontecer, sim".

De fato, ela sentiu que não apenas o tédio, mas algo em sua própria natureza faria com que o uso de drogas fosse um caminho especialmente perigoso. "A cocaína está em todos os lugares", respondeu quando perguntaram o que menos gostava na indústria da música. "Seria fácil demais entrar nas drogas. Sou uma pessoa que se vicia nas coisas: se começo alguma coisa, não paro. Eu fumo 30 cigarros por dia, bebia muito no passado. Sei que embarcaria em outras coisas e não quero isso." Mas seus planos sociais mais malucos envolvem o desejo de ir a uma festa de inauguração em uma boate. "Quero ir a uma festa da espuma usando um maiô – ninguém vai me dar atenção", riu. "Parece que as pessoas fazem coisas ousadas."

É compreensível que Adele tenha sentido que a escolha dos críticos foi uma bênção para ela. "Eu fui a escolha dos críticos o tempo todo – não do público, e as pessoas naturalmente defendem o menos favorecido, não quem deu a cara a tapa o tempo todo. Então, acho que para mim o sucesso é mais doce por causa disso... Não me sinto pressionada, mas todos os jornalistas que me escolheram ficarão com cara de tacho se eu simplesmente desaparecer, não é?" Ela estava ocupada sem se habituar às novas demandas repentinas da fama. "Não gosto de sessões de foto tanto assim. Esse lado é bem mais difícil do que pensei que seria, mas de modo bom. Nunca pensei em ser uma estrela pop e nunca pensei em todas as coisas que viriam com isso. Só achei que lançaria um single e só."

Por ter sido lançada por meio de um selo que a descobriu na internet, Adele tentou manter esse lado de sua estratégia de marketing em andamento. Assim como Lily Allen e Justin Bieber tinham mantido e construído as redes on-line que os lançaram, Adele continuou se comunicando com os fãs da mesma maneira. "É uma ótima maneira de divulgação", conta. "Prefiro que cinco milhões de pessoas ouçam a minha música em vez de ganhar 5 milhões de libras. Escrevo textos em blogues e escuto o que as pessoas dizem, talvez até demais às vezes. Se alguém envia um e-mail e diz algo do tipo: 'Você está fora do Reino Unido há muito tempo, isso não é justo', eu digo: 'Certo, vou voltar'. Também é mais fácil desmentir fofocas pelo blogue, conforme elas vão fugindo do controle: 'Na verdade, não estou saindo com Johnny Borrell' ou 'Não sou lésbica, entenderam?'."

Não foi apenas Adele quem sentiu a pressão das fofocas, mas as pessoas ao seu redor também. "Comecei a sair com um cara há alguns meses", revelou, na primavera de 2008. "Foi muito legal e eu comecei a tentar escrever canções de novo e ele me disse que não podíamos continuar juntos – ele não saberia lidar com os *paparazzi*, e, além disso, começou a ficar paranoico, com medo de que eu escrevesse sobre ele."

Conforme viu a atenção da imprensa aumentar, Adele passou a temer que isso a derrubasse. De fato, ela também tinha medo de que o público em geral se virasse contra ela. Apesar de ter ficado feliz quando a BBC a escolheu como a artista nova mais promissora de 2008, também temeu que o público a rejeitasse. Seus medos não foram infundados. As pessoas em alguns lugares começaram a questionar quem ela acreditava ser. Outras declararam que ela não tinha metade do talento de Amy Winehouse. Esses dois boatos foram injustos. Adele nunca havia feito nada que sugerisse que ela mantinha o tipo de arrogância que justificaria que alguém perguntasse: "Quem você acha que é?". Além disso, ela nunca se comparava a ninguém nem incentivava os outros a fazer isso. Com o tempo, ela ofuscaria até mesmo Amy Winehouse e surgiria de sua sombra. Mas, ainda por algum tempo, continuaria a ser relacionada à problemática intérprete de "Rehab".

As coisas tinham sido mais intensas para ela do que muitos imaginariam. Um ano depois, analisando aquele período turbulento de sua carreira, Adele disse ao *Daily Mail* que chegou a pensar em suicídio depois de ganhar o prêmio Brit. Fica claro o tamanho de seu desespero. Ela procurou uma estrela pop mais experiente para pedir conselhos. Graças às suas atitudes emocionalmente instáveis em alguns momentos, os conselhos de Robbie Williams nessa ocasião foram de grande valia e apoio. "Eu conheci o Robbie Williams logo depois da cerimônia de premiação e contei a ele que me sentia desconfortável com o prêmio", disse ao *Daily Mail*. "Eu estava sendo criticada pela primeira vez, com as pessoas dizendo que eu só tinha ganhado por ter estudado na BRIT School. Elas achavam que eu tinha sido fabricada." Na opinião dela, isso era injusto, pois tinha "passado por momentos duros". E continuou a desabafar com Williams. "Robbie, que já foi bastante criticado, foi brilhante. Ele me disse que o prêmio era apenas um avanço, pois me colocava em uma posição na qual as pessoas ouviriam a minha música. Isso ajudou." Sua nova maneira de encarar as coisas ficou clara quando ela relatou a um jornalista que pretendia manter o prêmio no banheiro.

Para ajudá-la a afastar a tristeza, ela pôde se concentrar no lançamento de seu segundo single, "Chasing Pavements". É um título curioso para uma música. Talvez até estranho, como Adele admitiu. "Não faz sentido, não é? 'Chasing Pavements' fala sobre procurar um rapaz – mesmo que você saiba que algo vai dar errado, você quer muito que dê certo, por isso não desiste. Não posso escrever sobre o drama de outras pessoas, tampouco posso glamorizar um forno micro-ondas ou qualquer coisa assim, por isso acabo escrevendo sobre coisas que vivi." Ela havia coescrito a canção com o compositor e produtor Eg White. A verdadeira história por trás da canção foi o que costuma ser a essência dos dramas de Adele. Ela brigou com o namorado em uma boate e se viu descendo a rua correndo de madrugada. "Não havia ninguém me seguindo e eu não estava seguindo ninguém. Eu só estava fugindo. Eu me lembro de ter dito a mim mesma: 'Você está perseguindo uma calçada vazia'. É uma metáfora. É impossível perseguir uma calçada, mas eu estava. Por ser um título que chama a atenção, havia muito por trás, ainda que alguns ouvintes pensassem que ela estava cantando "Chasing *payment*" ("Perseguindo o pagamento").

Houve uma forte diferença meteorológica e geográfica para Adele entre as circunstâncias da gravação e do lançamento da música. Ela havia sido gravada no verão nas Bahamas, em 2007, e foi lançada no Reino Unido no meio do inverno, no começo de 2008. O lado B que ela escolheu para a canção foi um cover acústico da canção "That's It I Quit I'm Movin' On", de Sam Cooke. Ela havia apresentado a faixa principal para o país no fim de 2007 no programa famoso da BBC, *Friday Night With Jonathan Ross*. Com números de audiência de até cinco milhões, o programa de Ross era ótimo para qualquer artista aparecer. Artistas que estavam muito mais estabelecidos e que eram muito mais conhecidos do que Adele em 2007 só puderam assistir, com inveja, quando ela participou. O encarte do lançamento mostrava Adele em um sofá, com o braço direito solto ao lado do corpo.

Enquanto isso, o vídeo promocional era transmitido com frequência nas emissoras. Mostra um acidente de carro no qual um homem e uma mulher se feriram. Adele se aproxima a pé, cantando. Então, fica observando a cena enquanto a equipe médica trata as vítimas, cantando com acentuado distanciamento. Há finais diferentes, num dos quais as vítimas são levadas embora. O outro mostra as vítimas acordando e dançando. Foi dirigido por Matthew Cullen, cuja empresa descreveu o vídeo como "surreal". "Quando ouvi a música, fui inspirado pela ideia de perseguir alguém a quem você ama, ainda que nunca dê certo", relata Cullen. "O casal inconsciente acordando para recontar a história de seu relacionamento foi um recurso perfeito para o tema." Ele explica que gravar as sombras que o casal dançando projetava contra a calçada foi o maior desafio, porque houve um período de apenas 30 minutos de luz do sol em cada dia. "A luz é sua melhor amiga e inimiga, mas no fim deu certo", diz.

E deu certo mesmo: o vídeo ganhou um prêmio da MTV de "Melhor Coreografia". No devido tempo, a canção em si rendeu prêmios de prestígio a Adele.

Enquanto ela promovia a canção, mais uma vez deu muitas entrevistas, chamando a atenção de ainda mais pessoas. Em entrevista ao site Digital Spy, pediram para ela definir seu som. Conforme ela começou a receber mais atenção do mundo todo, muitos críticos, fãs e outras pessoas passaram a dar suas definições. Adele respondeu: "Diria que se trata de soul triste – canções patéticas de amor sobre ser patético! Eu estava escutando o meu disco dia desses e pensei: 'Meu Deus, como sou patética quando falo de rapazes!'".

Ela se acostumou mais com as exigências da imprensa e compreendeu a importância da divulgação, especialmente no começo da carreira. Ela julgava as participações na televisão "chatas". Reclamou que "todo mundo era idiota" ali, que a experiência de estar na televisão acabou com a alegria que ela sentia como telespectadora.

Uma mudança bizarra ocorreu quando um engano nos Estados Unidos fez com que a canção fosse banida. Levantou-se a hipótese de que *pavements* significava "homens homossexuais". A teoria se espalhou depois que uma definição foi incluída no famoso site Urban Dictionary, que relaciona definições de gírias. Trata-se de um site aberto, o que quer dizer que as definições podem ser incluídas facilmente pelos leitores. "Por causa disso, algumas emissoras de rádio dos Estados Unidos não quiseram tocar a música", conta Adele. "Escreveram isso no Urban Dictionary, site que eu usei durante anos, e o termo 'chasing pavements' nunca constou lá."

Mas isso foi apenas um pequeno obstáculo em seu progresso, a longo prazo. Assim como "Hometown Glory", "Chasing Pavements" mostrou ser uma canção popular para ser usada como trilha sonora dos programas de televisão. Ela apareceu em muitos episódios de *Hollyoaks* e no programa norte-americano *90210*. Também apareceu no filme *Garota Mimada*. Todos os caminhos de divulgação compensaram. "Chasing Pavements" alcançou a segunda posição no Reino Unido e continuou nas paradas por muitas semanas. Na verdade, quando "Chasing Pavements" saiu da lista, Adele já estava promovendo um lançamento mais importante. Apenas quinze dias depois de seu segundo single ter sido lançado, saiu o primeiro álbum. Ela estava nervosa antes disso, sem saber se seria bem-aceito. Obviamente, há muito mais investimento emocional em um trabalho completo, especialmente se for um álbum de estreia. É esse lançamento que dá um sinal mais claro de onde a sorte de um artista pode estar.

Adele não precisaria ter se preocupado: o disco foi diretamente para o topo da parada britânica.

19
CAPÍTULO QUATRO

ADELE 19

Poucos artistas pop de talento ficaram pobres escrevendo canções sobre decepções amorosas, portanto esse é um dos gêneros mais férteis da indústria. Mas Adele alega que nunca tomou a decisão consciente de escrever canções de amor tristes, como as que formam a maioria de seu álbum de estreia. "No passado, já tentei parar para pensar: 'Certo, vou escrever sobre tal assunto, mas não consigo, porque não dá para forçar'. Todas as minhas músicas são um pouco tristes e cheias de drama porque, quando fico feliz, não tenho tempo de escrever canções, sabe? Quando estou triste, acabo sentindo pena de mim mesma e isso me inspira a compor." Esse tipo de música dominou seu álbum de estreia, *19*. Apesar de haver algumas faixas fora desse tema, é ele que unifica a maioria delas. A coleção foi uma das mais eloquentes e emocionantes — além de musicalmente impressionantes — expressões de dor de amor que as paradas de discos já conheceram.

Muita coisa já foi escrita e dita sobre *19*. Ainda assim, a cobertura, por mais positiva que seja, ignorou o uso eclético de estilos e gêneros. Adele argumenta que não houve um esquema de planejamento para o álbum, que ele simplesmente foi produzido naturalmente. "Eu não tinha planos específicos para o álbum", revelou ao site Blues and Soul. "Na verdade, *ainda* não sei exatamente que tipo de artista eu quero ser. Sabe como é, para mim, o álbum tinha apenas o objetivo de me ajudar a fazer canções para tirar um rapaz da minha cabeça e incluir todos os tipos diferentes de música que eu adoro." Apesar de saber que seria vista como a "menina branca do soul", ela não havia planejado isso nem nenhum outro tipo de rótulo para sua estreia. "O álbum surgiu de modo muito natural e orgânico", diz. A maneira independente de encarar os fatos que Adele e sua mãe tinham desenvolvido depois que seu pai saiu da vida delas teve influência no processo de criação. As tentativas de parcerias e coautores foram totalmente descartadas por Adele. "As pessoas sempre tentavam me colocar em parceria com compositores", relata, demonstrando irritação. "Eu dizia: 'Mas eu sou melhor do que isso!' e pensei: 'Vou escrever sozinha'."

Quando questionada por que decidiu batizar o álbum de *19*, respondeu que não teve outras ideias de título. Apesar disso, ela considera os títulos de álbuns importantes, principalmente de álbuns de estreia. Seus dois títulos favoritos são *Debut*, do primeiro disco de Björk, e *The Miseducation of Lauryn Hill*, de Lauryn Hill. "São títulos que todo mundo conhece. Não é preciso pensar muito e são simplesmente óbvios", observa. Por fim, ela escolheu *19* porque sentia que o álbum representava "bem" a sua idade. Ela sentiu que se tornou "mais mulher" ao completar 19 anos, por isso batizou o disco em homenagem a essa importante época de sua vida. Quando assinou o contrato com a XL Recordings, ela tinha 18 anos e apenas três canções. Logo depois de fazer 19, no entanto, "um monte de coisas de repente saiu de mim". Ela sempre negou que o nome escolhido tenha sido uma piada sobre a empresa de Simon Fuller, a 19 Entertainement, que lançou as Spice Girls e o programa de TV *Pop Idol*. Como fã dessa banda e do gênero show de talentos, parece algo improvável – ainda mais porque ela seguiu o tema da idade quando batizou seu segundo disco.

As emoções de Adele são muito claras ao longo do álbum. "Eu estava muito triste quando o compus, acho que isso fica óbvio nas músicas", admite. A faixa de abertura é "Daydreamer", uma canção acústica *folk* de grande beleza. O começo é tranquilo. A voz suave de Adele é acompanhada apenas por um violão calmo. A música é tão doce que faz o ouvinte sonhar acordado (como sugere o título) enquanto acompanha a letra tocante sobre o homem ideal. Não que seja uma canção totalmente idealizada e romântica. O verso que menciona o homem tocando a mulher fornece à canção um elemento mais real, o que comprova a imagem e a personalidade de Adele. A canção foi inspirada em uma história que ela viveu, quando se apaixonou por um homem sem perceber que ele era bissexual. "Eu não tinha problemas com isso", confessa, "mas sou ciumenta e não posso lutar contra meninas e meninos. Quando lhe contei isso, ele falou para eu não me preocupar. Duas horas depois, ele estava beijando meu melhor amigo gay na casa ao lado".

O tema melancólico continua no primeiro verso da segunda faixa, "Best for Last". Ela começa com a esperança de que seu homem seja um amante perfeito, que tenha jeito com as palavras. Esses desejos logo são interrompidos no segundo verso, quando ela revela que o homem a usou e que ela não acredita mais que ele ficará por perto por muito tempo. Ao longo dessa canção simples, com toque de jazz e gospel e pano de fundo minimalista, ela passeia entre o sonho de ter um romance ideal e a dura realidade de que não encontrará o que procura nesse homem. Funciona bem. Muitas mulheres – e até alguns homens – se identificarão com as duas versões do romance. As esperanças são destruídas, mas de certa forma se renovam.

Após a já mencionada "Chasing Pavements", vem "Cold Shoulder". É aqui que o álbum ganha um toque musical maior, o que faz sentido, uma vez que o produtor é o lendário Mark Ronson. Na letra e no tema, o álbum passa a ganhar vida. Depois de começar de modo melancólico e de apresentar elementos de dor e leve frustração, Adele se torna rebelde e desafiadora. Apoiada por uma banda completa num funk bem aprumado, ela repreende seu homem por oferecer-lhe seu ombro frio e por banhá-la com palavras que cortam.

Também canta que, quando seu homem olha para ela, ela gostaria de ser a outra na vida dele. Ao mesmo tempo, ela rechaça a ideia de que esteja imaginando coisas. Apesar de reconhecer que ele pode não estar satisfeito no relacionamento, acrescenta que está começando a se sentir da mesma maneira.

É a realidade de uma mulher que viu seu homem como ele é. Ela também reconhece as próprias falhas e percebe que agiu como tola diversas vezes, mesmo diante de provas cabais do comportamento inadequado dele. Apenas quatro faixas depois do começo do álbum, a doce e delicada Adele do início se torna uma mulher furiosa e determinada. O que houve com a Adele de "Daydreamer"? Ela volta, pelo menos em parte, em "Melt My Heart to Stone". Musicalmente falando, resulta de um esforço mínimo e é cantada com suavidade. O ritmo não é marcante, mas a voz de Adele se destaca. Fica a sensação de uma mulher que está caindo na real sobre um relacionamento ruim. Ela admite, com tristeza, que está perdoando o comportamento do parceiro, além de fingir que ele não é como os outros. Essa é a canção favorita de Adele no álbum. "Adoro cantá-la. Quando a escrevi, eu estava chorando. A canção fala sobre romper um relacionamento", conta.

Numa mudança repentina, ela sente que essa recusa de sua parte se derrete, depois arde e, por fim, transforma seu coração em pedra. Ela conclui que, dos dois, ela é a única apaixonada. Ao final da música, ela reclama que, enquanto ela defende sua opinião, ele toma a sua mão – tirando, assim, a confiança que ela está tentando estabelecer. E termina com a acusação de que ele a constrói para derrubá-la em seguida. Depois de mostrar seu poder de fazer acusações, Adele se apresenta de modo diferente em "First Love". Ela canta com doçura e admiração para seu primeiro amor e pede a ele que a perdoe por ela precisar terminar o relacionamento. Acompanhada apenas por teclados e triângulo, ela anuncia que precisa sentir o beijo de outra pessoa.

A ousadia de "Cold Shoulder" é repetida em "Right as Rain". Trata-se de uma canção alegre, mostrando o lado positivo de um rompimento amoroso. Se há uma "I Will Survive" no álbum *19*, "Right as Rain" é seu nome. Nessa canção mais animada, Adele e suas *backing vocals* perguntam quem quer dar tudo de si em todos os aspectos. Há certa empolgação no drama da decepção amorosa. Bem, pelo menos ela pode dizer a si mesma que prefere ficar sozinha. Depois de chorar muito, não sente vontade de se desculpar com o ex. Está cansada de brincar. Conclui que a vida é mais difícil quando se está por cima. O sentimento de derrota contrasta com a canção alegre e de batida mais agitada.

A nona faixa é seu cover de "Make You Feel My Love", de Bob Dylan, lançada no final dos anos 1990. Desde então, já foi interpretada por artistas como Billy Joel, Neil Diamond, Garth Brooks e Bryan Ferry. O cover de Adele foi feito graças à sugestão de seu empresário, Jonathan Dickins. Ele explicou que "tocou [a canção] para ela, que adorou e a gravou". Segundo ele, não foi uma intervenção rara de sua parte. "Eu gosto de colocar mãos à obra e ser criativo, e tenho opinião musical, mesmo que os artistas não concordem comigo às vezes." No disco *19*, Adele dá um toque novo e gospel à canção de Dylan. É a faixa mais suave e mais calorosa do álbum. Como veremos, também é uma canção que, graças ao cover de Adele, teve um impacto significativo. "A canção é muito convincente", comenta ela. "Mas quando a ouvi pela primeira vez, não consegui entender a letra. Quando finalmente a li, percebi que era maravilhosa. Ela meio que resume o ponto ruim de minha vida que tenho tentado tirar de minha mente e escrever em minhas músicas. Veio bem a calhar ao álbum, que não é triste, e sim amargo."

O resto do disco volta ao material original. A faixa dez é "My Same", uma canção que ela escreveu a respeito de uma amiga quando tinha 16 anos. A música fala sobre os opostos que se atraem. Trata-se de uma faixa alegre sobre uma amizade que não tinha nada para dar certo, mas dá. Durante anos, Adele não cantou essa música ao vivo, pois havia rompido a amizade mencionada na letra e não queria dar à ex-amiga a satisfação de saber que estava cantando sobre ela. Em 2011, Adele acrescentou a canção ao *set list* de algumas apresentações, depois de fazer as pazes com a amiga. "Provavelmente foi por algum motivo idiota, não consigo me lembrar por que parei de falar com ela, para se ter ideia de como foi patético, de fato", revela. Ela também admite que a ironia de sua recusa em tocar a canção ao vivo mostra sua teimosia – tema prevalente na letra.

"Tired" é uma canção que expressa como Adele se sente depois de tentar fazer com que um relacionamento dê certo, quando não recebe nada em troca. "Para que se dar ao trabalho?", se pergunta. Em um trecho sem forma e quase psicodélica, Adele culpa a si mesma sussurrando "I should have known" ("Eu deveria saber"). E então volta para a melodia simples e cativante. A música tem uma batida forte e é uma das faixas mais cheias de energia de *19*, apesar de os toques eletrônicos serem uma inclusão esquisita nessa música impressionante. Ainda que cante como se estivesse cansada em "Tired", certamente não parece exausta. De fato, ela parece mais cansada na música de encerramento do álbum, o já mencionado single "Hometown Glory". O tema da canção é diferente do tema das principais músicas do álbum, mas o tom triste e a melodia assombrosa caíram bem em *19*. É uma canção curta, mas que fica na cabeça e no coração muito tempo depois de terminar. Assim como acontece com o álbum todo, de modo geral.

Muitos ouvintes reagiram ao fim do álbum simplesmente apertando o "Play" de novo, a fim de ouvir tudo novamente. Mas será que os críticos ficariam tão impressionados quanto Adele e sua equipe esperavam? A maioria deles, sim. O brilhante Caspar Llewellyn Smith, do *The Observer*, disse que, para uma moça de sua idade, Adele havia produzido um disco incrivelmente maduro. "É claro que 'maduro' pode ser sinônimo de 'chato', mas também se trata de um disco com ritmo perfeito – não do tipo que pode ser dissecado para o MP3 Player – e há notas contemporâneas suficientes na produção para que ele não pareça retrô", revelou. Talvez o maior elogio em sua análise tenha aparecido em seu comentário de que Bob Dylan "sentiria ciúme" da versão dela de "Make You Feel My Love". O crítico também a comparou a Dusty Springfield e Aretha Franklin. O site da BBC também elogiou: "*19* é um grande começo, uma base sólida sobre a qual construir uma carreira e uma lembrança maravilhosa de como o talento cultivado em casa pode ser ótimo". Na Amazon Reino Unido, a resenha sobre o disco anunciava que Adele estava "em poder de algo especial". Prevendo o futuro, o texto dizia: "Quem ousa sonhar com o que números maiores podem trazer". Poucos dias depois do lançamento do álbum, a página do site de compras on-line foi bombardeada com avaliações ótimas dos clientes, como já se esperava. Em outros cantos do mundo editorial on-line, Nick Levine, da Digital Spy, escreveu que o ponto mais forte de *19* era Adele por si só: "Ela tem presença – consegue ser engraçada, vulnerável, carente, apática e até, em 'Hometown Glory', um pouco política".

A principal crítica negativa foi publicada na revista *Uncut*. Foi escrita por Barney Hoskyns e, apesar de alguns dos comentários terem sido válidos e justos, ele tocou em um ponto peculiar. Disse que, no início dos anos 1980, muitos novos cantores brancos de soul apareceram, incluindo Mick Hucknall, Marti Pellow e Alison Moyet. "Ninguém se importa com eles hoje", disparou. Isso não é totalmente verdade, mas é algo irrelevante. Raramente um artista das paradas continua sendo aclamado e popular três décadas depois de seu auge. Apesar de ele descrever a si mesmo de modo engraçado, como um "veterano calejado do rock", isso pareceu muito falso. Comentou que "Make You Feel My Love" é emocionalmente insípida e "Crazy for You" almeja ser Patsy Cline via Etta James, mas sem sucesso. Dado o público masculino de meia-idade da *Uncut*, talvez essa publicação nunca tenha sido feita para incentivar uma jovem como Adele. A *NME* também foi morna, dando a *19* apenas nota cinco, de um máximo de dez. "Está claro que, com toda essa onda, Adele ainda não está pronta para produzir um álbum de suficiente profundidade para combinar com sua voz. Dizem que Winehouse só encontrou o caminho depois da estreia: talvez também seja o caso de Adele", escreveu Priya Élan.

Essa foi uma das diversas críticas que fizeram uma comparação com Amy Winehouse. A crítica do *Times* foi pontuada por questões similares, falando sobre "algo pós-Winehouse" e o "novo status Amy" de Adele, apesar de afirmar que pode haver uma certa preguiça em atribuir esse rótulo a ela. Deixando, de modo apropriado, a melhor parte de sua crítica para o fim, Peter Paphides escreveu que, ao ouvir *19*, sentiu vontade de oferecer chá com bolachas a Adele para confortá-la e dizer que nenhum homem vale a dor que ela estava sentindo. Emendou dizendo que ela podia concordar com essa ideia. "Mas ela acreditaria se você dissesse a ela que nenhum álbum vale esse tipo de tristeza?", continuou. "Provavelmente não. E, quando você ouve *19*, nem você pensa assim." Ele deu ao álbum quatro estrelas, de um máximo de cinco.

Para deixar as coisas mais leves, Dorian Lynskey, do *The Guardian*, escreveu que as comparações com Winehouse "são tão infundadas quanto previsíveis". Foram palavras de boas-vindas, mas o restante de sua crítica de duas estrelas foi ruim. "Há pouca emoção por trás da voz prodigiosa de Adele e pouca surpresa em suas letras", revela. Primeiro disse que as comparações com Winehouse não tinham sentido, mas, mesmo assim, fez uma comparação desse tipo, mencionando que "se *Back to Black* era 'dor de amor com Tanqueray', *19* é uma bebida alcoólica mais comum". Para Adele, que gosta de vinho tinto, essa analogia deve ter sido literalmente difícil de engolir. No entanto, a crítica dele foi quase positiva em comparação com a do site Sputnik Music, que concluiu que *19* era "música para meninas adolescentes acima do peso, com as quais podiam chorar". Felizmente, a revista *Q* disse que "as músicas de Adele possuem uma classificação atemporal". No entanto, a revista também chegou à mesma conclusão de muitos outros críticos de *19*: que o melhor para Adele ainda estava por vir. Havia a sensação óbvia de que ela estava apenas começando a mostrar seu talento. Era como se muitos ouvintes se sentissem mais impressionados com Adele em si do que com *19*. A reação dos críticos seria muito mais positiva em seu álbum seguinte, quando eles perceberiam a melhora inquestionável e também se esforçariam para se incluir na onda de popularidade em que Adele surfava de modo majestoso. A partir desse momento, ela poderia ter achado graça ao ver o desespero com que os críticos a perseguiam, repentinamente dispostos a glorificá-la. Em parte, isso refletiu uma melhora tangível em seu trabalho, mas também o fato de que, apesar das dúvidas expressadas por muitos críticos a respeito de *19*, o público havia tido uma reação muito menos ambígua. Tanto que *19* foi diretamente ao topo das paradas na primeira semana de vendas. Adele ficou maravilhada.

Apesar de ser fã e amante de música, ela também tem uma mente comercial, e o fato de *19* aparecer na primeira posição no Reino Unido teve enorme importância. Adele é a cantora pop do povo e, assim, é o veredicto do povo que interessa a ela. Ainda que, de modo geral, ela tenha recebido muitos elogios de críticos, é o veredicto da menina que vasculha as prateleiras da HMV – como ela fazia na adolescência – que mais importa para ela.

Quanto à indústria da música em si, ela vinha esperando, há algum tempo, por um artista que fosse responsável por "eventos" em termos de vendas. Ainda que fosse o segundo álbum que quebraria recordes e atingiria números impressionantes, as notícias de que Adele era uma grande esperança já tinham sido espalhadas na indústria em

2008. Mas isso não envolvia apenas o produto – ela acreditava que, ao escrever a respeito de suas decepções, conseguiria ajudar outras pessoas a superarem as delas. Ela realmente esperava por isso. Ninguém tinha mais consciência do que Adele do potencial curador da música. Apesar de ser honesta o suficiente para admitir que esse não era seu principal motivador, era um efeito colateral do qual ela tinha consciência e com o qual estava encantada. "Ajudar a mim mesma a superar algo e ser capaz de ajudar outras pessoas é a melhor coisa do mundo", conclui. O álbum *19* ganhou uma indicação ao prêmio Mercury, anunciado em julho de 2008. Concorrendo com ela, havia uma bela mistura de talento, incluindo Elbow, British Sea Power, Radiohead e Rachel Unthank & the Winterset. O vencedor foi Elbow, com *The Seldom Seen Kid*. No entanto, ser indicada para um prêmio como aquele foi uma enorme honra para Adele. Em apenas alguns anos, ela seria indicada para muitos outros – e ganharia muitos deles.

Enquanto isso, Adele também estava em meio a um dilema que muitas pessoas que repentinamente se tornam famosas e bem-sucedidas enfrentam. Assim que alguém se torna publicamente conhecido, os outros querem entrar na onda. Trata-se de aproveitadores, dispostos a encontrar um lugar sob os holofotes, ou simplesmente querendo ganhar um pouco de dinheiro. Essa tendência a afligiu depois de *19* se tornar um sucesso. Em uma conversa com o *The Sun*, ela contou que o ex-namorado que influenciou *19* havia entrado em contato com um pedido ousado: ele queria uma parte dos *royalties*. "Durante cerca de uma semana, ele ficou ligando e estava falando bem sério", contou ao jornal. "Por fim, eu respondi: 'Você tornou a minha vida um inferno, e eu passei por isso e agora mereço'. Ele realmente acreditou que tinha participado do processo criativo sendo um idiota. Darei esse crédito a ele – ele me fez virar adulta e me colocou na estrada que estou percorrendo." Mais uma vez, a comparação com Winehouse foi forte: seu álbum de estreia, *Frank*, foi influenciado por um ex-namorado que ela teve enquanto fazia estágio num jornal.

Por causa de seu jeito irascível, a imprensa às vezes tenta colocar Adele em disputa com outras artistas do sexo feminino. Esses conflitos sempre criam histórias divertidas. Ela raramente cai nessas armadilhas, como visto em uma de suas primeiras aparições na televisão. No verão de 2011, todo mundo acreditava que o programa de música da BBC, o *Never Mind the Buzzcocks*, provavelmente já tivera dias melhores. Ele passou por altos e baixos nas mãos dos apresentadores Mark Lamarr e Simon Amstell. Desde que o programa perdeu seus anfitriões, tem passado por um rodízio de apresentadores, e os convidados frequentemente precisam enfrentar "pegadinhas" como parte do script. Nos tempos áureos, as coisas eram bem diferentes. Por exemplo, Amy Winehouse participou duas vezes do programa, e uma delas se tornou lendária. Ela brincou, contou piadas com Amstell, oferecendo o tipo de divertimento e comentários irreverentes dos quais muitos comediantes de *stand up* teriam se orgulhado, ainda mais um músico. Desde então, nenhum músico chegou perto da diversão que ela havia proporcionado.

No entanto, quando Adele foi pela primeira vez ao *Buzzcocks*, em 2008, foi bem engraçado. Amstell, ao apresentá-la, disse: "Ela costuma passar o tempo perseguindo calçadas. Bem, as calçadas podem tirar uma noite de folga, porque hoje ela vai perseguir pontos!". Para competir com ela contra a equipe do capitão Mark Ronson estava o comediante e cantor australiano Tim Minchin.

No quadro de abertura, a equipe dela teve de responder o que, certa vez, provocara um atraso no show de Kylie em Brighton. Ela aproveitou a oportunidade para comentar: "Adoro a Kylie". Amstell continuou a provocar Adele dizendo: "Quer saber por que eu gosto de você? Porque você tem os pés no chão, é agradável, você parece o ser humano perfeito. Você é de verdade, você fala sobre as coisas como elas são e você é sincera".

Percebendo que Amstell estava aprontando alguma, Adele respondeu: "É mesmo?".

Ele acrescentou: "Então, diga o que mais detesta em Lily Allen, Kate Nash e Duffy". Quando ela começou a rir, Amstell disse: "Diga-nos por que você detesta tanto a Duffy".

Adele respondeu: "Não, eu não detesto a Duffy. Mas sou galesa também e gostaria que as pessoas soubessem disso, porque a minha avó fica chateada. Ninguém reconhece que sou galesa. Mas ela é totalmente galesa, do norte do País de Gales".

Nesse momento, Phill Jupitus se intrometeu: "Sim, porque posso perceber, pelo seu sotaque, que você é mais do sul do País de Gales".

Amstell continuou tentando fazer com que Adele ficasse contrariada e disse: "Além disso, nas entrevistas, você acha que Duffy parece meio falsa, não é?".

Com um sorriso tímido e desconfortável, Adele respondeu: "Por que está fazendo isso?".

Amstell continuou a pressionar, perguntando se ela achava que Duffy era mais velha do que dizia ser. Adele riu com as piadas e não levou tudo a sério. Ela certamente nunca falaria nada contra as tais rivais, como fez Amy Winehouse no *Buzzcocks*, quando disse que "preferiria contrair AIDS felina" a trabalhar com Katie Melua.

Nas partes de apresentações, nas quais os dois participantes fazem o melhor que podem para vocalizar o começo de uma música de modo que o terceiro membro do grupo consiga adivinhar qual é, Adele e Ronson tinham de cantarolar "Lapdance", de Nerd, para Minchin. "Não posso fingir ser um instrumento", Adele protestou quando

Amstell brincou comentando sobre seu desempenho vocal na introdução. Por fim, quando chegaram à brincadeira de tentar identificar personalidades esquecidas da música com quatro sósias, Adele, finalmente, forneceu um pouco do veneno pelo qual Amstell vinha esperando. O grupo começou a falar de Lindsay Lohan, na época a companheira da irmã de Ronson, Samantha. Quando Ronson disse considerar Lohan "uma atriz muito talentosa", Adele se mostrou chocada: "O quê?", disse com engraçada indignação. "Eu acho Lindsay adorável, mas ela não é atriz", disparou, com uma de suas gargalhadas altas.

Na verdade, tem sido difícil conseguir que Adele seja grosseira em relação a outras cantoras. A rivalidade que a imprensa deseja colocar entre as cantoras do sexo feminino não existe. O que existem são certos conflitos e críticas, mas de modo geral – pelo menos da parte de Adele – houve mais demonstração de amizade e de apoio mútuo. "Não preciso me destacar, há espaço para todo mundo", revelou em 2008. "Apesar de eu ainda não ter formado um nicho, estou apenas escrevendo canções de amor." Canções de amor que se tornavam cada vez mais populares no mundo. Além de chegar ao topo das paradas no Reino Unido, *19* entrou para o Top 10 em muitos países, incluindo Austrália, Bélgica, Canadá, Alemanha, Holanda, Irlanda e Noruega. Também estava sendo bem comercializado naquele mercado de ouro no qual muitos artistas britânicos de peso fracassaram feio: Adele estava se tornando um sucesso nos Estados Unidos.

UM SONHO AMERICANO

CAPÍTULO CINCO

A lista de máquinas de sucessos que não conseguiram transferir sua enorme popularidade para os Estados Unidos é longa e também traz alguns nomes de prestígio. Do Reino Unido, podemos citar ninguém menos que sir Cliff Richard, Marc Bolan, Take That, Robbie Williams, Busted, Oasis e Ms Dynamite, assim como os vizinhos irlandeses do Westlife. Recentemente, Cheryl Cole teve de pegar o voo para casa mais cedo, depois que seu plano de se lançar como juíza do *X Factor*, estrela solo e celebridade de sucesso falhou logo de cara. Até mesmo a rainha do pop, Kylie Minogue, encontrou certa dificuldade nos Estados Unidos.

Há muitos obstáculos a transpor, incluindo as turnês promocionais cansativas e demoradas, com visitas a rádios e infindáveis encontros que exigem semanas de estrada com pouca garantia de resultado. Resumindo, pode-se dizer que existe uma grande chance de esses artistas não arrebentarem nos Estados Unidos, mas sim de os Estados Unidos arrebentarem com eles.

Não é de surpreender que sejam raros os artistas ingleses que conquistaram fama nos Estados Unidos. Os exemplos mais óbvios continuam sendo os Beatles e os Rolling Stones. Esses artistas têm uma coisa simples e primordial em comum: a música deles, em essência, é norte-americana. Foi por isso que Amy Winehouse se deu tão bem lá. O mercado norte-americano há muito gosta de ver seu som refletido em artistas de fora. Também graças a seu estilo de música, Adele estava em uma posição mais a favor do que a maioria dos artistas para conquistar os Estados Unidos. Ainda assim, não havia garantias de nada e, como ela é uma profissional esperta, cuidadosa e realista, não desprezou nenhum mercado, muito menos o norte-americano.

Sua primeira turnê nos Estados Unidos começou em março de 2008. Incluiu compromissos de divulgação, como as inevitáveis entrevistas a rádios e também apresentações ao vivo, por exemplo, no Joe's Pub, em Nova York, e no Hotel Cafe, em Los Angeles. Depois, cumpriu um misto de compromisso promocional com show ao vivo na conferência e festival de música SXSW, em Austin, no Texas. Mas foi no Joe's Pub, entretanto, que ela realizou a primeira apresentação de peso em solo norte-americano. O local contém certo simbolismo, pois foi ali que Amy Winehouse se apresentou ao vivo pela primeira vez no país. Além disso, tem grande fama de ser um dos melhores ambientes para apresentações musicais do mundo. Publicações como o *Village Voice*, a *Newsweek* e a rádio BBC já lhe deram destaque o bastante para se tornar uma lenda. É o tipo de lugar no qual a barreira entre artista e plateia é tão sutil que quase não existe. Como disse Alicia Keys, que também se apresentou lá: "Você sente todo o suor e o calor de quem se apresenta". Enfim, o lugar ideal para Adele.

Ela parecia relaxada e tranquila ao subir ao palco, mas depois foi surgindo certo nervosismo. Chegou a pedir desculpas entre as canções, afirmando estar com gripe. Começou com "Daydreamer", e então o repertório de dez canções continuou com "Crazy For You" e outras faixas, até encerrar com a emocionante "Hometown Glory". Ela manteve os olhos fechados durante grande parte da apresentação, deixando clara sua ansiedade, mas não precisaria ter se preocupado. Um crítico de música on-line disse que o set list tinha sido tão fascinante que o tempo simplesmente voou. E acrescentou: "A performance mostrou bem por que Adele é boa de verdade, e não apenas uma moda passageira. De longe, ela é a melhor nova voz da música dos dois lados do Atlântico". Ele também aprovou sua personalidade, notando seus comentários descontraídos entre as canções. "Ela é uma brincalhona com sotaque inglês".

Adele se apresentou uma segunda vez no Joe's Pub e, apenas 24 horas depois, já estava na costa oeste do país, tocando no Hotel Cafe. Cantou lindamente, trajando uma roupa preta caracteristicamente dramática e realizando uma performance estelar na casa lotada. Muitos dos presentes consideraram aquela apresentação a melhor de suas vidas. As gravações de suas canções naquela noite tornaram-se populares entre os fãs. Em seguida, ela realizou dois shows no Canadá: no Cabaret, em Montreal, e no Rivoli, em Toronto.

Depois disso, ainda teve de cumprir mais compromissos de divulgação nos Estados Unidos que envolveriam muito trabalho e muitas viagens, mas seguiu em frente com determinação. "Ela quer trabalhar direito e investir tempo ali", comentou Richard Russell, da XL Recordings, à *Billboard*. "O público nos Estados Unidos está muito interessado nela." Os norte-americanos gostam de artistas britânicos de modo geral, principalmente cantoras de soul. Outras artistas famosas em território norte-americano na época eram: Corrine Bailey Rae e Duffy. Joss Stone era mais uma que estava causando certa comoção. Lily Allen também havia recebido certo reconhecimento. Adele havia percebido a conquista de outros ingleses nos Estados Unidos e quis seguir a tendência. "Sinto muito orgulho de fazer parte disso. Estou feliz por estar nessa onda".

O apelo de artistas britânicos não vem somente da música em si. Graças ao crescimento do politicamente correto nos Estados Unidos, os artistas do Reino Unido, geralmente mais falastrões e sinceros, levam um elemento novo e interessante ao mercado. Artistas como Amy Winehouse e Adele, em especial, são imprevisíveis, com personalidade forte, e têm – de modos diferentes – estilos de vida hedonistas. Na terra do *American Idol*, dos reality shows e da Disney, trata-se de ar novo. Mas também não se pode generalizar. Leona Lewis obteve sucesso nos Estados Unidos, apesar de sua imagem e sua personalidade não serem tão impactantes. No caso dela, o enorme talento simplesmente foi mais importante do que todo o resto.

Adele sabia que lançar carreira nos Estados Unidos traria novos desafios, mas também achava que havia vantagens em como as coisas aconteciam por lá. "Claro que os Estados Unidos são maiores e um pouco mais de trabalho se faz necessário", revela. "Há política: se você faz uma coisa, não pode fazer outra. Se não fizer isso, não ganha aquilo. Isso não existe no Reino Unido. Acredito que, como há muitos tipos de mercado nos Estados Unidos, você precisa definir o seu nicho. Acho que provavelmente é isso." Ela tinha razão. Dizem que é mais fácil para um artista britânico ganhar na loteria do que ter sucesso no mercado norte-americano. E Adele, longe de se assustar com o tamanho da responsabilidade que a aguardava, sentiu que nos Estados Unidos havia mais foco no talento do que em outras coisas mais superficiais. "Você não pode ir para os Estados Unidos e ser ruim. Pode ter uma imagem ótima e eles não o aceitarem", reflete. É só o talento que interessa lá. "Pode ser que eles gostem de mim mesmo se eu vestir um saco de lixo."

As expectativas logo começaram a ficar bem promissoras. Conforme seus compromissos e apresentações continuavam, ela era aclamada pelo público. Às vezes mudava a letra de "Chasing Pavements", trocando *pavements* por *sidewalks*.[1] Os fãs aprovaram e, certa noite, deram-lhe de presente um buquê de flores e um cartão de agradecimento por ela ter se mantido "verdadeira" e desejando-lhe o melhor para seu futuro. Durante um show, ela interrompeu uma música pela metade para perguntar se podia tomar uma margarita. Em certa ocasião, be-

---

[1] *Sidewalks*, assim como *pavements*, significa "calçadas". No entanto, o primeiro termo é usado no inglês norte-americano; o segundo, no inglês britânico. (N. da T.)

beu mais do que devia e acabou ficando bastante alegre no ônibus da turnê. Começou a falar arrastado e colocou um chapéu de feltro torto na cabeça. "Amy Winehouse: morra de inveja", disse. Isso foi registrado em vídeo para o lançamento em um disco de extras, fornecendo uma peripécia engraçada de nossa heroína.

Apesar disso, ela ainda precisou se esforçar para colocar um público tão essencial a seu favor. Também sentiu muita saudade de casa. "[A experiência] foi maravilhosa, mas também muito difícil, porque eu nunca havia passado tanto tempo fora de casa", relata. Quando perguntaram o que ela achava do trabalho exaustivo de divulgação envolvendo a conquista do mercado norte-americano, ela respondeu com honestidade: "Horrível, detestei". Rindo, disse que havia tentado se matar duas vezes, tamanha a pressão. E completou: "É brincadeira. Tudo ajuda... tudo ajuda". A pior parte da viagem foi o fato de estar dividindo o ônibus com "seis caras fedorentos". Havia baratas em um dos hotéis onde se hospedaram e também houve um dia em que o vaso sanitário do ônibus da turnê ficou entupido de papel higiênico. Além disso, depois de participar do *David Letterman Show*, em Manhattan, ela foi abordada e perseguida por *paparazzi*. Escondeu-se em um bar. "Quatro horas depois, reapareci... Caramba, eu estava passando pela Broadway, muito embriagada", relembra. Foi uma solução criativa e divertida para as pressões da fama, típica de Adele.

Como ela contou ao Digital Spy, os compromissos na televisão dos Estados Unidos a deixaram um pouco perdida. Em primeiro lugar, ela não gostou, logo de cara, do alto calibre das apresentações agendadas. Depois, ficou confusa se estava gravando ao vivo ou como parte de uma pré-gravação. "Sim, participei do *Letterman* e do *Today Show*", contou ao Digital Spy. "E não fazia a menor ideia do que se tratava esses programas, pois, obviamente, não temos equivalentes na Inglaterra. Eu perguntava: 'O que é o *Today Show*?', e eles respondiam algo do tipo: 'Imagine o *GMTV*, mas numa proporção bem maior'. Era ao vivo e havia cerca de 50 milhões de pessoas assistindo, então eu literalmente morri de medo! O *Letterman* era pré-gravado, então não fiquei tão nervosa, mas me esqueci disso durante a minha apresentação. Eu chegava no meio da canção e não me lembrava se era ao vivo ou não. Procure no YouTube. Você vai ver a minha cara de tacho."

Houve pontos positivos para compensar o estresse da viagem, incluindo o fato de ela ter encontrado e comprado um par de sapatos Manolo Blahnik, do mesmo tipo que apareceu em um episódio de *Sex and the City*. A fã de moda ficou entusiasmada: "Tenho procurado por esses sapatos há três anos". Às vezes ela precisava contar com o bom humor dos outros para seguir em frente. Em outros momentos, no entanto, era ela quem oferecia a descontração. Ela riu da situação quando um hotel a hospedou no mesmo quarto que seu empresário de turnê, com apenas uma cama *king size*. Ao pararem em Portland, sentiu-se "como em Croydon": quando viu alguém procurando bitucas de cigarro deixadas na calçada, na frente de um estabelecimento, se lembrou de uma experiência parecida que vivera. Sua mãe a havia proibido de fumar, e ela estava com tamanha abstinência de nicotina que acabou procurando bitucas pelo chão. Pela primeira vez na história, ela pintou a mãe como vilã, porém depois admitiu: "Mas na época eu tinha 13 ou 14 anos".

Além de apresentar as próprias músicas, tentou fazer alguns covers para agradar aos norte-americanos, entre eles uma versão criativa de "Last Night" dos gigantes *indie* de Manhattan, The Strokes. Começou com um blues lento que pouco lembra a agitada canção original. No entanto, a banda toda arriscou-se em acompanhá-la. Foi uma escolha inesperada de cover, mas ainda assim ela se deu bem, conseguindo reunir originalidade e familiaridade em uma canção bastante famosa.

Apesar de acreditar que poderia vestir um saco de lixo e ninguém nos Estados Unidos se importar, ela não conseguiu escapar das perguntas a respeito de sua aparência. Com muitas apresentações ao vivo acontecendo em grandes e modernas cidades das costas leste e oeste dos Estados Unidos, talvez tenha sido inevitável não falar, mais uma vez, de seu peso. Afinal de contas, em lugares como Los Angeles e Nova York, muitas pessoas se preocupam excessivamente com a aparência. Não é preciso andar na Quinta Avenida, em Manhattan, nem no Sunset Strip, em Los Angeles, para encontrar mulheres que se preocupam em ser magras por moda, sem parecerem naturais. Assim, Adele já estava esperando perguntas sobre a sua aparência. "Eu sabia que me perguntariam – especialmente aqui, com a coisa toda de Hollywood – se eu me sentia pressionada a emagrecer", desabafa. "Não acho que isso seja importante. Acho que já teve mais importância, e acredito que as pessoas estão mais preocupadas em comentar sobre a sua aparência do que sobre suas atitudes. Eu gravei um disco. Não quero estampar a capa da *Playboy*. Quero estampar a capa da *Rolling Stones*, vestida." E logo estamparia.

Quando retornou, ela falou com entusiasmo sobre a experiência no exterior. Mais uma vez, disse que a internet havia desempenhado um papel importante na divulgação de seu trabalho. Quando pediram que resumisse como tinha sido a turnê, respondeu: "Maravilhosa... tudo foi inesperado. Fiquei um pouco assustada quando meu agente norte-americano disse que ia me colocar em uma turnê de 15 apresentações, mas, graças ao poder da internet, as pessoas que foram aos meus shows sabiam todas as letras e tudo correu bem". Para comemorar seu retorno ao Reino Unido e para oficialmente se livrar das responsabilidades e pressões extras, ela saiu para festejar em Londres com velhas amigas. Com elas, em sua cidade, Adele pôde voltar a ser quem é. Foi uma ótima maneira de retornar ao mundo real e, mais do que nunca, procurar manter os pés firmes no chão. Admitiu ter sentido falta das pessoas queridas. "Adoro tanto a minha família que fico mal-humorado quando estou longe deles", relatou ao Digital Spy. "Foram cinco semanas desta vez, bastante tempo, mas os shows foram tão bons que compensaram a saudade."

No dia 10 de junho, ela poderia conferir o impacto que sua turnê norte-americana havia causado quando seu álbum *19* foi oficialmente lançado por lá. Mas apenas mais tarde, no mesmo ano, ele chamaria a atenção do público dos Estados Unidos. Em 2008, ela cancelou uma série de compromissos naquele país por causa de problemas pessoais que a impediram de viajar para o exterior. Ela havia sentido muita falta de casa durante suas primeiras viagens aos Estados Unidos, mas apenas um ano depois conseguiu contar o que havia ocorrido. "Nós nos referimos àquela época como a minha PCV, minha Primeira Crise na Vida", explica. O fato de ela descrever a si mesma como "nós" não foi coincidência. Usar o plural, segundo ela, fazia com que se sentisse menos vulnerável e exposta. Mesmo depois de um ano, ela continuou se sentindo desconfortável e envergonhada com o cancelamento. "Agora que estou sóbria, penso: 'Não acredito que fiz isso'. Parece tão ingrato da minha parte." O que a assombrava de fato não era a possibilidade de ter perdido a chance de tornar *seus* sonhos realidade, mas sim de sentir o peso de ter jogado fora "o sonho de *todo mundo*".

Ao falar mais sobre a "crise" que levou ao cancelamento, revela: "Eu estava bebendo demais e isso era, em termos, a base de meu relacionamento com meu namorado na época. Eu não suportava ficar sem ele, então pensei: 'Bem, certo, então vou cancelar tudo'". Ela sabia que isso causaria enormes problemas e desconforto, mas não havia outra opção. "Eu entrei em apuros por desperdiçar o tempo das pessoas, mas estava muito triste." Não foram apenas os compromissos nos Estados Unidos que foram cancelados durante a "PCV" de Adele, assim como seu relacionamento frustrado também não foi a única causa de tudo. Ela começou a achar que estava deixando de viver a vida real. A bolha do sucesso trazia muita diversão, muita fama e dinheiro, mas ela sentia falta de algo mais importante: a amizade. "Chegou a um ponto em que os amigos me ligavam, eu estava trabalhando na Noruega ou em outro lugar, eles queriam me encontrar e eu me irritava por eles não saberem que eu estava fora", admite. "Então, por três meses, fui a bares, a churrascos, vi meus primos."

Naquela época, Adele teve dificuldade de sair da esteira promocional e profissional. De repente, ganhou espaço e tempo de novo, não sabendo ao certo o que fazer. "Pedi a todos que não me telefonassem durante seis meses, pois eu desligaria meu telefone. Não queria nem mesmo possuir um Blackberry. Pretendia comprar um Nokia pré-pago. Mas, depois de alguns dias, eu me perguntei 'Por que estou fazendo isso?'. Foi muito difícil passar de muito ocupada com agenda lotada a ter de depender de mim mesma de novo para organizar as coisas."

Independentemente dos diferentes motivos por trás do cancelamento, Adele estava passando uma mensagem clara. Estava estabelecendo um limite, declarando ser uma pessoa livre, que não poderia ser usada por seu empresário nem pela gravadora. "Não posso ser um produto; ninguém pode fazer isso comigo. Eu tomo as decisões. Tenho poder sobre tudo o que faço." Voltávamos à Adele da infância: a menina de personalidade forte que exigia estar no controle, e essa atitude lhe caía bem. Ela já tinha motivos para se sentir otimista, porém cautelosa, a respeito das primeiras vendas de *19* nos Estados Unidos. Ela via o desempenho do álbum como algo *underground*.

Em novembro de 2008, Adele havia marcado uma participação no importante programa de televisão norte-americano *Saturday Night Live*, pois um produtor havia assistido a uma apresentação sua ao vivo em Manhattan. Apesar de uma aparição no *SNL* ser muito importante para qualquer artista, ela não poderia ter previsto o que aconteceria. "Era para ser um programa normal", relata. "Mas chegamos e Sarah Palin estava lá!"

Candidata a vice-presidente escolhida pelo republicano John McCain, Palin era conhecida por ser briguenta. Sua imagem de mãe linha dura – uma mulher de família rígida –, suas opiniões e atitudes de direita, juntamente com um questionável conhecimento de geopolítica, tornavam-na uma figura pública que dividia opiniões, sendo muito comentada e imitada. Apesar de muitos norte-americanos mais conservadores a admirarem, os simpatizantes dos democratas acreditavam que, na pior das hipóteses, ela era perigosa, ou melhor, ridícula.

A presença de Palin havia transformado o episódio do *Saturday Night Live* em um acontecimento gigantesco nos Estados Unidos. Durante semanas, uma das apresentadoras do programa, Tina Fey, havia entretido o país com imitações de Palin. Assim, quando a própria Palin concordou em participar do programa, o público assistiu em peso. O que já era uma grande chance para Adele tornou-se algo maior ainda. O programa foi assistido por 17 milhões de norte-americanos, a maior audiência na última década. Assim, quando Adele cantou "Cold Shoulder" e "Chasing Pavements", alcançou grande visibilidade.

Logo depois do programa, o download do disco *19* começou a ser feito por milhares de telespectadores. Em pouco tempo, ela chegou ao topo da lista de download nos Estados Unidos. Seu álbum também subiu para a quinta colocação no site da Amazon.com. Enquanto isso, "Chasing Pavements" também figurou no Top 25. Adele teve sorte por ter cruzado com Palin, mas ela merecia.

Ela passou por um momento embaraçoso nos bastidores, quando confundiu Palin com Fey. "Eu adoro a Tina Fey e comecei a chamar 'Tina! Tina!'. Ela nem sequer olhou para mim, ignorou-me totalmente", Adele relembra com muita vergonha. Mas, quando conversaram, foram civilizadas. "Ela foi muito gentil nos bastidores, mas fiquei extremamente feliz com a vitória de Obama", revela. "Não sou fã dela... nem um pouco."

De fato, quando Palin se aproximou de Adele, a cantora estava usando um broche "enorme" de Obama. Queria usar o broche em suas apresentações no país. Seu empresário, Dickins, ficou aterrorizado com a possibilidade de Adele meter-se em um assunto como aquele em um momento tão delicado de sua campanha promocional nos Estados Unidos. Dizem que ele ameaçou que cortaria suas mãos fora se ela fizesse algo tão controverso, e, no fim, ela não usou o acessório. De modo geral, Adele era contra músicos darem suas opiniões em questões políticas. Apesar da letra política de "Hometown Glory" e do fato de uma candidata a vice-presidente dos Estados Unidos ter impulsionado sua carreira no país, Adele ficou satisfeita em se manter afastada do assunto. "Claro que fiz alguns comentários no passado, mas acho que os músicos não devem ficar falando muito sobre política", opina.

Ela retornou aos Estados Unidos meses mais tarde para estabelecer e aumentar a popularidade já conquistada graças ao *Saturday Night Live*. Os ingressos para seus shows foram muito bem vendidos – tanto que algumas pessoas os compraram por 200 dólares. Ela estava triunfante por fazer apresentações que eram, de todas as maneiras, maiores do que qualquer coisa que já tivesse feito nos Estados Unidos antes. Dessa vez, os shows seriam em locais bem maiores, todos eles lotados. Mais músicos se uniram a ela no palco, ela aumentou o repertório e a plateia cantava todas as letras. Começou a apresentação com uma versão mais impactante de "Cold Shoulder" e terminou com "Chasing Pavements". Entre essas canções, as mesmas que havia apresentado no *Saturday Night Live*, houve uma mistura de músicas e algumas versões cover. A cereja do bolo foram seus comentários e brincadeiras. Para os fãs norte-americanos, sua voz melodiosa era irresistível. Em uma terra onde muitos músicos fingem indiferença no palco, na esperança de serem considerados *cool*, a atitude de Adele foi um sopro novo. Os fãs, que um jornal de Boston descreveu como "recém-formados cultos norte-americanos", adoraram.

No final de 2008, Adele pôde analisar um ano muito notável. Muitas coisas tinham mudado em sua carreira e em sua vida, de modo geral. Ocorreram-lhe muitas coisas estranhas e inesperadas ao longo do tempo. Perguntaram qual havia sido o momento mais marcante e ela disse que foi algo que aconteceu do outro lado do Atlântico. "Acho que foi no *Saturday Night Live*, quando Sarah Palin apareceu, seguida por Alec Baldwin e depois Marky Mark – que não é bem do meu tempo, mas a minha mãe é fã dele, então lhe mandei uma mensagem de texto para avisar, e minhas tias também o adoram. O ano todo foi bem marcante; o fato de [19] ter sido tão bem-sucedido me faz pensar a todo momento: 'O que está acontecendo?' É um pouco bizarro, mas eu não poderia mudar o mundo."

Ela admite que a ficha do que havia acontecido ao longo do ano ainda não tinha caído. "Acho que nunca vai cair. Tudo aconteceu tão depressa que é impossível me lembrar, muito menos assimilar. Tentei criar uma espécie de escudo enquanto vivia isso e fui ignorando tudo o que foi acontecendo, o que me fez parecer esnobe, talvez. Mas, na verdade, é totalmente o oposto: estou extremamente feliz com o que tem acontecido, mas procuro não pensar nisso para não pirar."

No mês seguinte, sua popularidade nos Estados Unidos foi reforçada com a surpreendente notícia de que ela havia recebido dois prêmios Grammy. Os artistas costumam fingir surpresa ou desinteresse quando ficam sabendo da indicação a um prêmio. Trata-se de um mecanismo de defesa para que eles não criem muitas expectativas e consigam se controlar diante dos fãs, independentemente do resultado. Adele sabia da possibilidade de ser indicada ao Grammy em 2009, mas acreditava que seria difícil ganhar. Por isso, ela não contou nem mesmo à mãe antes de ser indicada. Na noite em que a indicação foi anunciada, ela acessou a internet para ver quais nomes concorreriam. Ela só queria saber em quantas categorias Leona Lewis tinha sido indicada.

Enquanto procurava, recebeu uma mensagem de texto do blogueiro-celebridade norte-americano Perez Hilton. Ele informou que ela havia sido indicada em três categorias. Ela ainda estava comemorando a notícia quando seu assessor de imprensa telefonou. A princípio, Adele pensou que o telefonema fosse para comemorar a novidade das três indicações, mas era para informar que ela havia sido indicada para *mais um* prêmio. "Comecei a gritar", conta. "Precisei desligar o telefone. Foi o fim do mundo. Acreditava que as pessoas só começariam a me indicar depois do terceiro ou quarto disco, por isso não me incomodava o fato de [minha gravadora] acreditar que era difícil. Meu empresário foi à minha casa às quatro e meia da madrugada com uma garrafa de champanhe que eu havia dado a ele em setembro de presente de aniversário, já que ele é uma pessoa simples." Foi um brinde alegre e não planejado em comemoração às notícias maravilhosas que haviam abalado ambos.

As indicações inesperadas foram de "Artista Revelação", "Disco do Ano", "Música do Ano" e "Melhor Cantora Pop". Coldplay e Radiohead foram os únicos artistas do Reino Unido a receberem mais indicações. "Era tudo Adele, Adele, Adele, Adele", relembra. "Nunca sonhei que, com o meu primeiro disco, eu seria indicada." Quando ela admitiu publicamente que não acreditava que os artistas ganhassem um Grammy tendo lançado apenas um disco, a história mudou. Em seguida, as manchetes pareciam insinuar que Adele havia dito não querer um Grammy. Ela esclareceu: "Parece que [no caso de atores] quem ganha um Oscar cedo demais fica com a carreira meio morna". Duffy, outra indicada britânica, também causou certa ofensa ao dizer que havia tomado conhecimento do Grammy muito em cima da hora. Quanto a Adele, o choque por ter sido indicada perdurou por alguns dias. "Estou esperando alguém dizer: 'Sua boba, estamos apenas brincando!'", revelou.

Em fevereiro de 2009, o choque pela indicação diminuiu quando ela venceu em duas categorias na cerimônia do Grammy em Los Angeles.

Era a 51ª edição do evento. Adele estava linda naquela noite, o que já era de esperar, pois a editora-chefe da *Vogue*, Anna Wintour, havia lhe dado conselhos de moda para a cerimônia. Wintour é uma pessoa conhecida, chamada de "Nuclear Wintour" por algumas pessoas graças à sua personalidade séria e exigente. Dizem que o filme *O Diabo Veste Prada*, com Meryl Streep no papel principal, foi inspirado nela. Adele havia feito uma visita ao escritório da *Vogue*, pois seria fotografada para uma matéria. Enquanto estava lá, conversou com a lendária Wintour. "Foi como no filme *O Diabo Veste Prada*", conta Adele a respeito do encontro em que Wintour se ofereceu para orientá-la para a cerimônia do Grammy. "Eu consegui um vestido bem lindo. Eu [costumo] usar vestidos com meias e sapatos sem salto e um casaquinho. Mas vou colocar os peitos pra cima e tudo. Vai ser uma coisa bem bacana."

Na verdade, Wintour havia contratado a *designer* Barbara Tfank para preparar a roupa da cantora. Ela relembra: "Adele foi ao meu escritório, nós nos sentamos a uma mesa e eu disse: 'Quando você está no palco, conte-me como gosta de se sentir e de se apresentar'. Ela estava com aquele penteado bacana de casa de marimbondo da noite anterior e isso também me inspirou", observa. Tfank gostou e agradeceu a chance de trabalhar com Adele e torceu para que o interesse de Wintour no estilo da cantora criasse e aumentasse a aceitação a moças de corpos mais avantajados no mundo da moda. "Acho que estamos finalmente chegando a uma maior aceitação, percebendo que nem todas as pessoas são iguais", conclui.

Enquanto isso, a roupa que Adele vestiu foi suficiente para chamar a atenção na cerimônia do Grammy. Ela usava um vestido preto discreto, estilo anos 1950, com a cintura marcada. Estava perfeita para ganhar os prêmios daquela noite. Como muitas das mulheres presentes no evento, Adele se esforçou pela aparência. "Se estou me divertindo? Sim. Mas meus pés estão doendo", admitiu ao receber um dos prêmios. Outros britânicos vencedores foram a cantora galesa Duffy, Estelle, Coldplay, Radiohead e o cantor veterano Robert Plant. O Coldplay estava entre os maiores vencedores da noite, levando prêmios em três categorias. Eles vestiam roupas inspiradas no estilo Sgt. Pepper's dos Beatles, por isso se desculparam com Paul McCartney, que estava presente. A maior decepção entre os artistas britânicos foi Leona Lewis, que saiu de mãos vazias, apesar de ter sido indicada em três categorias. Quando Adele recebeu seu prêmio de "Artista Revelação", ela se dirigiu aos artistas que concorriam com ela e disse: "Muito obrigada. Vou chorar... Duffy, adoro você e a considero sensacional. Jonas Brothers, também adoro vocês".

Devido ao fato de a organização do Grammy ter sido criticada por alguns anos por favorecer artistas comerciais em vez de sucessos de crítica, o triunfo de Adele sobre o grupo pop teen Jonas Brothers fez com que o prêmio ganhasse pontos entre os telespectadores mais exigentes. Momentos antes, ela também havia ganhado o prêmio de "Melhor Cantora Pop" com "Chasing Pavements". O melhor ainda estava por vir, uma vez que ela havia ganhado dois Grammy muito cedo em sua carreira e tinha todo o direito de se sentir em êxtase.

"Maravilhoso", confessou. "Está começando a cair a minha ficha, agora que estou conversando com as pessoas." Ela ainda se sentia chocada e só queria ver a mãe. Adele havia decidido não levar Penny para o caso de não ganhar nada. A mãe permaneceu em Londres, acompanhando o evento do apartamento de Adele. Segundo a cantora, a mãe decidira ficar ali "para sentir o meu cheiro" e, assim, não sentir sua falta. "Eu telefonei para ela depois e ela não parava de chorar." Momentos de emoção para mãe e filha. As duas devem ter relembrado a trajetória percorrida por Adele até chegar a receber tamanho destaque e respeito na indústria da música. Mas o telefonema não foi apenas para parabenizar a filha. Penny ajudaria Adele a manter os pés no chão, caso estivesse empolgada demais. A mãe disse que não ficou impressionada ao ver a filha mascando chiclete ao receber seu prêmio de "Artista Revelação".

Perguntaram a Adele o que ela faria depois da festa: "Vou vestir minha calça jeans e sair para fumar e bater papo com meu empresário e meus amigos", respondeu. Uma maneira típica de Adele comemorar: ela queria voltar a pôr os pés no chão logo.

Depois de ganhar seus dois prêmios, ainda houve tempo para um encontro memorável com o astro pop Justin Timberlake. Ele a abordou e lhe deu os parabéns ao vê-la nos bastidores. A princípio, ela não o reconheceu. "No corredor, depois de eu ganhar dois prêmios Grammy, ele me abraçou e disse: 'Parabéns'. Eu estava tão emocionada com os prêmios que não percebi que era o Justin. E, então, dez metros adiante, no Staples Center, eu dei um baita grito e percebi que estava berrando sem parar", relembra. Foi mais uma experiência inesperada e emocionante para Adele. Sua fama e sua sorte a envolveram tão rapidamente que ela se sentiu desconfortável nos círculos importantes aos quais ganhou acesso. A fã que existia dentro dela teve dificuldade em aceitar que havia grandes estrelas ao seu redor, e que estas também a reconheciam e a respeitavam. Em entrevista à revista *People* logo depois, ela falou diretamente para Timberlake. Pediu desculpas pelo encontro estranho na cerimônia do Grammy e justificou de modo levemente bajulador: "Justin, eu te amo e sinto muito por ter dado a impressão de que não queria falar com você. Eu queria muito, mas acho que não poderemos ser amigos, porque você é demais pra mim. É bom demais!". Naturalmente, essa demonstração tão graciosa e modesta tornou-a ainda mais adorável para seus fãs, os velhos e os novos.

Adele também manteve contato com Anna Wintour depois do Grammy, e mais uma vez foi orientada por Tfank em aparições futuras em eventos promocionais. A cantora gostou de conhecer Wintour, a quem considerou menos assustadora ao vivo. "Anna Wintour foi adorável", contou à *Grazia*. "Nem um pouco parecida com a imagem assustadora que eu fazia dela. Eu estava esperando encontrar um tipo de Meryl Streep em *O Diabo Veste Prada*. Anna foi muito articulada e muito simpática. Ela me transformou em uma dama e me apresentou à Barbara Tfank, que fez o meu vestido do Grammy e que continua fazendo as minhas roupas para vídeos e shows, e, mais recentemente, criou a minha roupa para o Royal Variety Performance. Eu me senti um pouco estranha no começo, quando recebi uma transformação de Anna Wintour. Não conseguia me equilibrar nos sapatos, por isso acabei andando pela festa do Grammy descalça. Mas, depois de um tempo, conforme Barbara e eu fomos trabalhando juntas, comecei a gostar de moda. Depois de descobrir do que gosto e do que me cai bem, mantive essa mesma linha." A influência duradoura desse flerte com a alta moda ficou clara: o estilo de Adele se tornou mais sofisticado e centrado.

Seus dois prêmios no Grammy atraíram mais ainda a atenção da imprensa nos Estados Unidos. A CNN fez um programa especial sobre ela, apresentando-a como dona de "um soul retrô, curvas voluptuosas e opiniões diretas que escapam de sua boca com gírias britânicas".

Adele disse menos sobre quem é e mais sobre quem não é. "Não sou uma loira magricela, de peitos falsos, dentes brancos, bem idiota", disparou, rindo. "Não sou nada parecida com isso, e acho que isso chama a atenção das pessoas. Espero nunca ficar parecida com uma modelo." Justificando a avaliação do programa, que a descreveu como alguém sem papas na língua, ela disse "detesto os *paparazzi*. Para mim, eles são nojentos", e fingiu cuspir no chão. Foi um modo desafiador de expressar a fúria que fotógrafos insistentes causavam nela. A raiva que sente deles de fato é enorme: um dia, ela foi a uma padaria comprar pão, leite e cigarros. O que era para ser algo corriqueiro tomou uma dimensão surreal: quando ela voltou para casa, encontrou um fotógrafo na escada. Ficou furiosa e mais tarde disse que "quase arrebentou a cara dele". A ameaça de surra parece ter resolvido a situação. "Desde então, nunca mais encontrei nenhum *paparazzo* em minha casa." Tais intromissões da imprensa também ocorreram da parte de pessoas que antes ela considerava amigas. Quando descobriu que alguns conhecidos tinham feito um acordo com os *paparazzi*, sua reação foi definitiva: "Não falo mais com eles", desabafa.

Depois do Grammy, o selo de Adele anunciou uma nova agenda de apresentações nos Estados Unidos. Em março, ela tocaria em San Diego, no House of Blues, e concluiria a breve turnê mais tarde, no mesmo mês, em Cleveland. Também havia agendado uma apresentação no Roseland Ballroom, em Nova York, no dia 5 de maio, em comemoração a seu 21º aniversário, e anunciou mais uma data na costa oeste norte-americana, no Hollywood Bowl, em Los Angeles, em junho. Seu sucesso estava tendo um efeito dominó. Uma combinação de trabalho árduo, talento e adequação ao mercado e o efeito Palin, totalmente inesperado, estavam levando Adele para dentro do coração de muitos norte-americanos. Mas ela não ignora outros territórios. "Quero que o máximo de pessoas ouça a minha música. Quero me dar bem na Europa, na Ásia e na Austrália. É muito estranho ir tão longe para fazer um show e ver os ingressos esgotados. É ao mesmo tempo ridículo e incrível o número de pessoas que querem conversar comigo."

Ela também ficou surpresa com a quantidade de pessoas que queriam falar sobre ela. Uma delas foi a cantora Estelle, que disse que as músicas de Adele não podiam ser consideradas soul music. "Não estou irritada [com Adele e Duffy], mas fico tentando entender como pode não haver uma única pessoa negra cantando soul", disparou Estelle ao *The Guardian*. "Adele não canta soul. Parece que ela ouviu alguns discos de Aretha e tem uma voz mais grave, mas isso não quer dizer que ela cante soul. Isso não quer dizer nada para mim, de modo geral, como uma pessoa negra. Como compositora, compreendo o que elas fazem. Como negra, eu pergunto: 'Está me dizendo que isso é a minha música? Até parece!'." Ironicamente, esse desabafo foi publicado poucos dias depois de Estelle dizer que não queria falar sobre outros artistas. "Quando as pessoas me perguntam sobre outros artistas, eu não ligo", disse. "Estou trabalhando no meu próprio disco há tanto tempo que não quero me afastar dele perdendo tempo com comentários sobre outros artistas."

Seus comentários seguintes envolveram um assunto ao qual retornaremos. Por enquanto, Adele tem feito o melhor que pode para ignorar tais afirmações. "Não me importa", disse ao Digital Spy em resposta. "Não leio a imprensa, então eu só fiquei sabendo, mas não li. É uma opinião e eu gosto de pessoas com opinião, então se é o que ela pensa, tudo bem. Ela não escuta a minha música como Aretha, mas eu também não pedi para ela escutar, então tanto faz. Tenho certeza de que sua declaração foi alterada – as pessoas sempre mudam o que os entrevistados dizem e eu sei disso, mas tanto faz, não me importo. Estou fazendo o meu trabalho e ela, o dela."

No Reino Unido, o novo single de Adele era "Make You Feel My Love" e chegou ao número 4 da parada britânica. A capa mostrava apenas uma foto sua em close, olhando para a câmera com os olhos bem maquiados, como se fosse para acentuar que estava se tornando um ícone improvável. O vídeo da música mostra uma gafe que criaria um pesadelo para o diretor. De alguma maneira, o número de telefone dele foi incluído e logo se tornou uma sensação na internet.

Ele começou a receber milhares de telefonemas com trotes de pessoas que tinham notado os números. "Já recebi mais de cinco mil telefonemas", lamenta. "Algumas pessoas cantam ao telefone, outras gritam ofensas. Está tornando a minha vida um inferno." Também foi um single que se tornou popular nas trilhas de programas de televisão. Apareceu no drama britânico *Waterloo Road*, assim como nos programas norte-americanos *One Tree Hill*, *Ghost Whisperer* e *Parenthood*. Também foi usado em dramas como *EastEnders* e *Hollyoaks*.

Em novembro de 2008, Adele venceu na categoria "Melhor Jazz" no Urban Music Awards. Foi indicada ao prêmio da revista *Q* na categoria "Revelação", apesar de perder para Duffy. Outra indicação foi feita para o prêmio MOBO (Music of Black Origin), na categoria "Melhor Cantora".

Enquanto isso, ela vivia em uma nova casa, para onde se mudara em julho de 2008. Aproveitando sua nova condição financeira, Adele tentou viver sozinha e de modo independente. No entanto, a doce menina mimada dentro dela falou mais alto e logo ela voltou a viver com Penny. A mudança inicial tinha sido para um apartamento na região oeste de Londres. Adele tentou não dar muita ênfase ao fato: "É só um apartamento de um quarto em Notting Hill, em cima de uma loja", conta. "Meu pai [padrasto] trabalha para a Wickes, então vou conseguir móveis baratos. Eu me sinto meio sozinha às vezes, mas adoro." No entanto, a qualidade do projeto e o amor que ela investiu nele tornaram-no melhor do que a descrição feita anteriormente. "Parece ter sido tirado do filme, em uma fileira de casas brancas", descreve.

Com sua independência recém-conquistada, Adele passou a fazer aulas de direção. "Aprendi a dirigir, mas não deu muito certo", lamenta. "Segundo meu instrutor, eu tenho noção de espaço, sou uma motorista consciente. Mas não continuei com as aulas. Eu estava me recuperando de um grande rompimento amoroso, por isso estava bebendo muito. Acredito que ultrapassava o limite de velocidade na maioria das aulas!", confessa.

Adele também começou a cozinhar. Suas primeiras tentativas culinárias foram chilli com carne, batatas fritas e lasanha. No Natal, ela convidou Penny para jantar. "Vou tentar fazer uma ceia decente de Natal, com muitos assados e aquelas salsichas pequenas enroladas com *bacon*... adoro", se delicia. Quanto à decoração para a festa, Adele foi diretamente ao ponto ao descrever o que havia escolhido. "Comprei uma árvore de Natal falsa porque, depois de um tempo, eu acho que as árvores naturais ficam com cheiro de urina." Quando lhe perguntaram o que representa o espírito festivo, respondeu que são os especiais de Natal das novelas. "Você sabe que é Natal quando alguém morre numa novela", opina. "Você se lembra de quando Tiffany bateu a cabeça na guia no dia de Natal, enquanto tentava escapar de Grant? Eu tinha dez anos e fiquei arrasada, pois não conhecia ninguém que tinha morrido antes de minha avó. Era como se eu conhecesse a Tiffany. Eu me lembro de ter subido ao banheiro no andar de cima, chocada, tremendo e chorando." Para Adele, o Natal de 2008 foi mais calmo.

Em julho de 2009, ela fez algumas mudanças em sua casa para a chegada de um cachorro novo. "Vou colocar piso novo em meu apartamento daqui a duas semanas, pois estou me preparando para receber meu cachorrinho", contou ao *Daily Star*. "Ele é tão lindo!". Seu cachorro, um *dachshund* chamado Louis, quase recebeu um nome mais esquisito. Primeiramente, ela pensou em chamá-lo de Britney porque ele havia nascido na mesma noite em que ela assistiu ao show de Britney Spears. "Quase dei a ele o nome de Britney, apesar de ele ser macho. [Mas] só durou algumas horas, só até eu voltar a ficar sóbria", ri. Depois disso, pensou em chamá-lo de Aaron Lennon, em homenagem ao seu jogador preferido do Tottenham Hotspur. Quando enfim escolheu o nome, Louis tornou-se parte importante de sua vida. Ele foi atacado por um Jack Russell no parque, mas de modo geral tem sido um grande companheiro da cantora, sem causar problemas. Ela diz que, se um dia tiver outro cachorro, dará o nome de Ella, em homenagem à cantora de jazz Ella Fitzgerald.

Pouco tempo depois, mais uma mudança: dessa vez, ela foi viver em uma nova casa com Penny, depois de sentir falta de sua companhia. Foi em novembro de 2009 que ela resolveu dar um basta nisso. "Depois de meu primeiro disco, eu saí da casa de minha mãe e me mudei para Notting Hill sozinha. Minha vida ruiu. Meu telefone foi cortado, meu cartão de crédito foi cancelado, a casa ficou uma bagunça. Foi terrível. Não consegui fazer nada sem a minha mãe, por isso voltei a morar com ela." Adele tinha consciência de que essa mudança, de certa forma, representava admitir que ela havia falhado em sua tentativa de se tornar independente, mas ela não se importou. "Preferia me sentir derrotada a um dia chegar a ter ratos comendo o meu corpo", admite. "Minha mãe e eu não vivemos em um local pequeno. O apartamento é grande, ela pode ficar de um lado e eu, de outro".

Penny sentiu muito orgulho da filha, independentemente de onde ela quisesse morar. A carreira estava crescendo depressa, mas Penny estava igualmente impressionada com o caráter e com o amor demonstrados por Adele. Os laços contruídos entre elas, por Penny ter criado Adele sozinha, continuavam fortes, mesmo quando a garotinha se tornou uma mulher, reverenciada pelo mundo por sua música. Adele havia se tornado conhecida e amada – a popularidade de *19* foi imensa, mas o sucesso aumentaria ainda mais no segundo álbum.

Depois da glória do Grammy, Adele continuou a ser indicada em outras cerimônias de prêmios. Recebeu três indicações para o prêmio Brits de 2009 – por "Melhor Cantora Britânica", "Maior Revelação" e "Melhor Cantora Solo" por "Chasing Pavements" –, mas dessa vez não ganhou nenhum. Mais tarde, no mesmo ano, ela recebeu uma honra diferente e incomum. O primeiro-ministro Gordon Brown escreveu a ela para agradecer pelo papel que sua música estava desempenhando em manter o otimismo do público britânico em uma época de dificuldades financeiras. Adele ficou surpresa, mas também emocionada. "Foi muito gentil. Ele escreveu: 'Com os problemas financeiros enfrentados pela nação, você é uma luz no fim do túnel'. Foi maravilhoso. Estou combatendo a crise sozinha!"

Em 2009, Adele continuou a receber propostas de projetos paralelos. Um deles foi um pedido de Israel para usar "Hometown Glory" em um anúncio de um novo cronômetro para preparar ovos. Ela receberia um cachê altíssimo, mas negou. Não queria a sua música associada a produtos. "Eles iriam pagar bem, mas eu disse não. Ainda que provavelmente ninguém na Inglaterra nem nos Estados Unidos fossem ver o comercial, precisei dizer não."

Mas ela aceitou a proposta de fazer uma participação especial na série de televisão norte-americana *Ugly Betty*. Por ser uma série vencedora de um Globo de Ouro, tornou-se um sucesso no mundo todo. Outras celebridades famosas que fizeram uma ponta foram Naomi Campbell, Lindsay Lohan, Lucy Liu e Victoria Beckham. Adele participou como ela mesma cantando "Right as Rain" em uma sessão de fotos em que três personagens estavam se preparando para um trabalho. Ela disse que aquilo fez com que se sentisse uma "grande estrela" por um dia. "Foram apenas segundos de aparição, mas sabe como é, eu me senti a Julia Roberts por um dia!", se diverte. "Foi muito legal."

Adele estava seguindo os passos de Lindsay Lohan em *Ugly Betty* e Lohan tornou-se fã da cantora. Na mesma semana de uma entrevista para a *Q*, ela elogiou Adele on-line. Adoro "Rumor Has It", do novo disco de Adele", escreveu no Twitter. "Tem uma boa *vibe*. Me deixa feliz."

Na mesma semana, Lily Allen também usou o Twitter para enaltecer a cantora. "Estou muito feliz por Adele. É muito bom quando coisas boas acontecem para pessoas boas. PARABÉNS ADELE por ser a *No1EVERYFUCKINGWHERE!* (*"A número 1 em toda p... de lugar"*) [sic]."

Adele parecia mesmo estar em todas as partes depois de *19* ser lançado. Pessoas de todo o mundo haviam adotado suas canções e ela própria. Não era apenas por causa da qualidade das canções e do poder de sua voz: a personalidade sincera de Adele também era especial. No entanto, se depois de *19* ela já estava em todos os lugares, a reação a seu segundo álbum a tornaria totalmente onipresente. O álbum seria incrivelmente popular.

A CHAVE DE OURO

CAPÍTULO SEIS

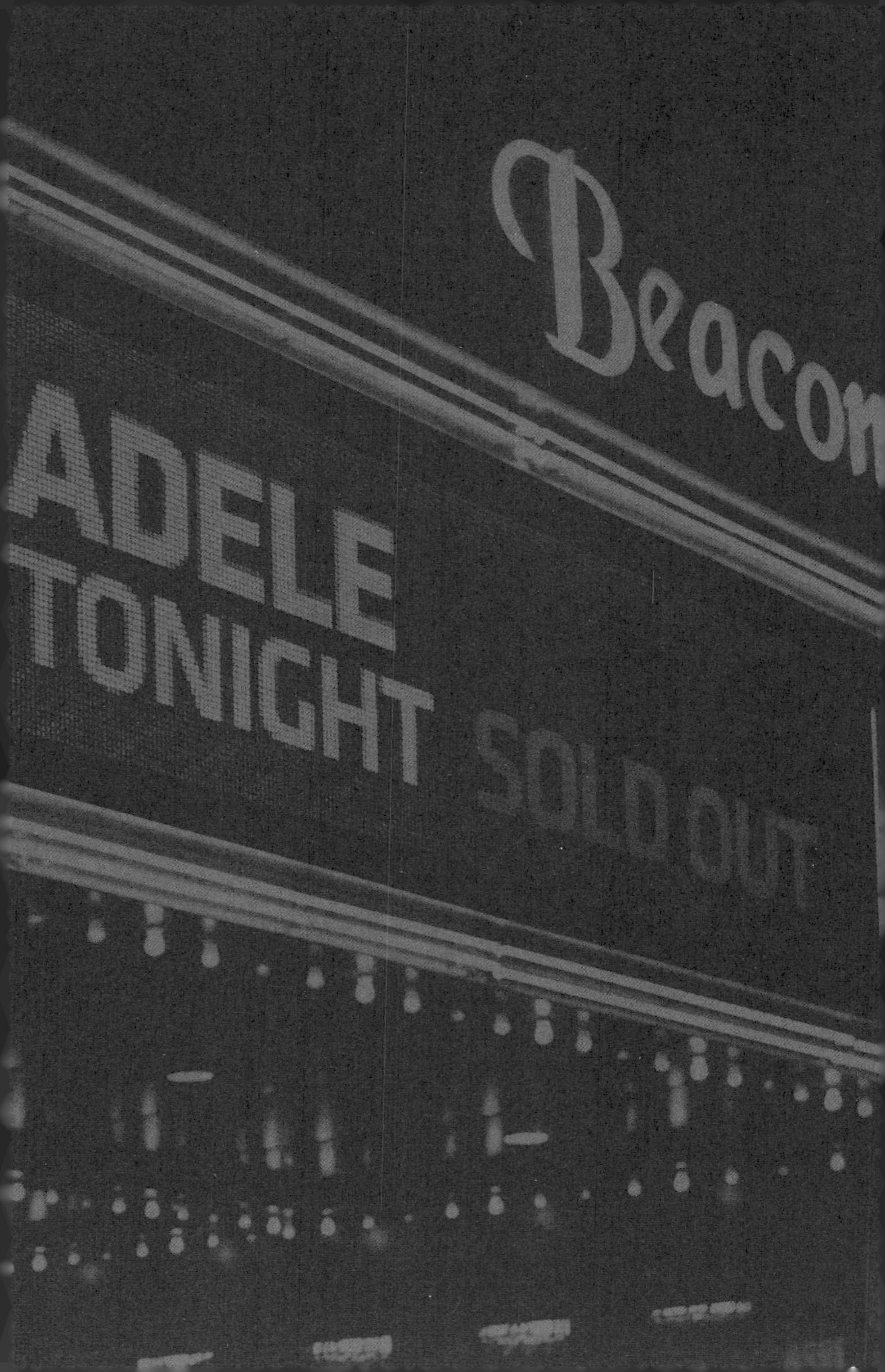
Beacon
ADELE
TONIGHT SOLD OUT

Adele passou seu aniversário de 21 anos nos Estados Unidos. Ela havia começado uma miniturnê em San Diego em 9 de março de 2009. Também tocou no Arizona e em Austin, Houston e Cleveland antes de chegar a Nova York. No dia de seu aniversário (5 de maio), apresentou-se no Roseland Ballroom. Em seguida, voou para a costa oeste, onde fez um show no Hollywood Bowl ao lado de sua musa inspiradora, Etta James. Foram momentos marcantes, uma maneira especial de comemorar um aniversário importante em sua vida. E ela relembrou a ocasião com estilo, dando ao seu segundo álbum o nome de *21*.

Musicalmente, o segundo disco de Adele foi influenciado por uma série de artistas, incluindo o astro country Garth Brooks, Dolly Parton, os Steeldrivers, Loretta Lynn e The Carter Family. "Eu não sabia quem era Garth Brooks há cerca de quinze meses", revelou na época do lançamento de *21*. As novas estrelas do *folk*, Mumford & Sons, também foram importantes no desenvolvimento de sua música. A música deles "literalmente entra em meu peito, me toca e me enche de coragem", entusiasma-se.

Outra inspiração para o disco foi seu último ex-namorado. Ela nunca revelou o nome dele, mas o descreve como "a pessoa mais incrível que já passou pela minha vida", com a qual teve um relacionamento intenso. Portanto, é natural que o rompimento tenha sido difícil. "Vou precisar de dez anos para me recuperar", alegou após a dolorosa separação. Esse autodiagnóstico pessimista foi compreensível em partes, uma vez que, na época, ela considerou este como seu primeiro relacionamento verdadeiro. Parte do processo de recuperação foi a composição de seu segundo álbum, que faria com que sua fama alcançasse níveis estrondosos. "Meu coração ficou despedaçado quando escrevi essas músicas, por isso o fato de as pessoas estarem se identificando é a melhor maneira de eu me recuperar." Ela insistiu em manter a identidade dele em segredo, dizendo: "Não interessa. Se ele fosse uma celebridade, as pessoas iriam querer saber".

O que se sabe é que seu parceiro era um homem mais velho e realizado. Foi a primeira vez que ela namorou uma pessoa com esse perfil. Como resultado, o relacionamento lhe trouxe uma perspectiva nova, mais madura e também mais interessante. "Foi o acontecimento mais importante de minha vida toda até agora... Ele me deixava totalmente sedenta... Era mais velho, bem-sucedido pelos próprios méritos, enquanto os meus namorados anteriores eram da minha idade e não faziam grandes coisas", admite. A influência dele também foi cultural: "Ele fez com que eu ficasse interessada em filmes, literatura, culinária, vinhos, viagens, política, história e outras coisas para as quais nunca dei a menor bola. Eu só pensava em sair e encher a cara". Foi bom para Adele ter mudado durante o relacionamento, pois a única coisa com a qual os críticos concordaram no lançamento do segundo disco foi que ela havia amadurecido.

O músico e produtor Ryan Tedder trabalhou no estúdio com ela dando muitas ideias para faixas que tomaram forma em *21*. Ele a manteve no controle de tudo. "Estou deixando Adele ser Adele", disse à BBC na época das gravações. "O *19* foi um álbum absolutamente maluco para mim, tão simples e bonito que não quero que eu, como fã, interfira no som de Adele. Ontem, a canção que gravamos foi a cara dela – foram 10% Ryan, 90% Adele. E então eu disse a ela: 'Não quero colocá-la na máquina Ryan Tedder, na qual você acaba com uma música que tenha a cara de Ryan Tedder. Ela tem que ser Adele'."

Ao mesmo tempo, Adele dizia que não apressaria o trabalho no álbum. "Estou escrevendo devagar e sempre", alegou. "É preciso manter a qualidade do próximo disco, por isso, se você correr, vai acabar perdendo o espaço que criou para si e vai acabar fazendo um disco de merda." Algumas semanas antes, ela admitiu que estava preocupada em saber como seu próximo trabalho seria recebido pelos fãs. "Estou com um pouco de medo. É claro que quero seguir por novos caminhos com a música e não quero deixar para trás os fãs que podem não gostar do novo som que estou fazendo. Então estou um pouco preocupada com isso."

Apesar de sua fonte de inspiração e influência terem sido os grandes dramas de sua vida, ela afirmou que conseguia escrever a respeito de qualquer acontecimento, por mais comum que fosse. "Posso escrever sobre coisas simples, não precisa ser sobre algo dramático. Coisas como... não colocar um copo na lava-louças. Consigo escrever uma música sobre isso também", declara. No fim, o álbum abordaria dificuldades maiores da vida.

Apesar de o título do álbum ter seguido o formato de seu disco de estreia, ela pensou em batizá-lo com o nome de uma de suas faixas, "Rolling in the Deep". Como ela contou à revista *Rolling Stone*, a música refletia uma das coisas mais importantes que ela sentia ter perdido com o fim de seu namoro: a garantia de ter alguém cuidando dela. "A expressão *rolling in the deep* é um tipo de adaptação de uma gíria no Reino Unido, *roll deep*, que significa sempre ter alguém que lhe dê apoio, de modo que você nunca fique sozinho. Se você estiver em apuros, sempre terá alguém para ajudá-lo a enfrentá-los ou coisa assim. E era assim que eu me sentia no relacionamento sobre o qual o álbum fala, principalmente em 'Rolling in the Deep'. Era assim que eu me sentia, sabe, pensei que fosse algo que eu teria para sempre e acabou não sendo o caso."

Ela mudou de ideia a respeito do título do álbum e também do toque emocional de suas músicas. Queria que o segundo disco fosse mais animado. Pensando bem, ela considerava *19* sério demais. Ele não refletia a sua personalidade, que é "divertida, animada, espalhafatosa e sarcástica". Certamente, a Adele das canções de *19* era uma pessoa totalmente diferente daquela que aparecia em entrevistas e que existia em sua vida particular. Ela queria mostrar que tem um lado mais leve e bem-humorado. Nisso, obteve sucesso parcial. O lado mais leve aparece em diversos momentos do álbum. De modo mais amplo, no entanto, não há dúvidas de que se trata de um trabalho bem-sucedido e maravilhoso. Nos momentos mais tristes, mais lentos, mais felizes e mais animados, ela impressiona. Cada canção tem seus pontos fortes e charmes: juntas, formam um dos álbuns mais agradáveis, emocionantes e impressionantes lançados por um artista britânico em muitos anos.

O álbum começa com "Rolling in the Deep", um início desafiador, quase ousado. Adele afirma que essa música é o equivalente a dizer algo no calor da hora e "vomitando palavras". Temática e musicalmente, mostra desde o princípio que *21* é um trabalho diferente, mais repleto, trazendo mais sonoridade que o primeiro álbum. A faixa também tem mais produção do que qualquer outra de *19*. No que diz respeito à letra, ela está repreendendo o ex-namorado, dizendo que eles poderiam ter tido tudo, mas que ele jogou a oportunidade fora. Não apenas isso, ela também jura vingança: diz que ele vai colher o que plantou por ter brincado com seu coração. Por sua fama de cantar coisas tristes e decepções amorosas, "Rolling in the Deep" é a prova de que existe um outro lado. Adele relata que essa canção foi um "foda-se" à ideia de que, por estar sozinha, ela não valia nada.

"Rolling in the Deep" foi produzida por Paul Epworth. De acordo com Adele, trata-se de "uma música sombria, com tom de blues e gospel". O fato de ter sido produzida por um adepto do cenário musical *indie* fica claro a quem escuta: tem mais atitude do que qualquer outra de *19*. Epworth trouxe a contribuição musical com a qual Adele ficou ansiosa, a princípio. Tendo já trabalhado com Primal Scream, Maximo Park e Rapture, seu carro-chefe é a música *indie*; já Adele é "conhecida por ser muito pop". Foi um encontro de estilos e mentes opostos. Ela estava curiosa para saber qual seria o resultado e ficou feliz quando descobriu que "foi uma combinação perfeita". Também descobriu que Epworth tinha muitas ideias e que tirava o melhor de sua voz. "Há notas nessa canção que eu nem sequer sabia que poderia alcançar." É de fato o momento mais poderoso de sua voz até agora. Ela canta alto a letra desafiadora, mantendo sua voz dominante entre os instrumentos. Em todos os sentidos, portanto, a faixa de abertura é uma demonstração de força. Conforme o ouvinte se acomoda em seu calor, rapidamente é tomado pela emoção do que ainda está por vir em *21*.

Longe de desanimar na segunda faixa, Adele segue com a mesma vibração de "Rolling in the Deep" em "Rumour Has It". Ela se direciona novamente ao alvo de sua música anterior, falando sobre o rumo desastroso que tomou o relacionamento com a mulher por quem ele a trocou. Ela muda um verso da letra para dar uma reviravolta à história. Ao cantar que dizem que o ex está deixando a namorada nova por Adele, no final da música, ela sugere que é ela quem o está trocando pela garota. Musicalmente, trata-se de mais uma canção com batida forte e percussão também pesada. Adele a descreve como "uma canção com toques de blues, pop, com batida forte". Dessa forma, os fãs torcerão para que ela continue batendo por muito tempo. Adele contou que a letra foi inspirada nas noites em que saía com os amigos e eles a bombardeavam com as últimas fofocas a respeito de seu ex-namorado. Ela sabe que algumas pessoas interpretam o *rumour* ("boato") do título como sendo o ciclo inesgotável de fofocas da imprensa. Na verdade, se refere a como seus próprios amigos às vezes acreditam em fofocas sobre ela, o que a deixa "bem assustada". A música, que de certa forma lembra o estilo da cantora Duffy, foi produzida por Ryan Tedder.

Depois de virar a mesa com essa letra, não por acaso a próxima faixa se chama "Turning Tables". Trata-se de uma música mais familiar aos fãs de *19*. Composta em parceria com Tedder e produzida por Jim Abbiss – que trabalhou com os Arctic Monkeys, entre outros –, é calma, esparsa, lamentosa e lenta. Analisando o relacionamento do qual está saindo, ela diz que não pode mais ser manipulada, enquanto o ex faz o que bem entende. Ela se sente sem ar sob seu feitiço. Ainda que deixá-lo seja um desafio, ela enfrentará as tempestades e se afastará. É uma bela canção com piano, violão e a voz de Adele combinados para criar um efeito revigorante. No entanto, a música nasceu da raiva. Certo dia ela chegou ao estúdio reclamando de um homem. "Quem diabos ele acha que é, fazendo o que bem entende comigo?", queixou-se. Ryan Tedder anotou a expressão usada (*turning tables*) e eles a incluíram na letra.

Em "Don't You Remember", Adele volta ao soul mais leve de *19*. É uma canção literalmente difícil de esquecer, tamanha a sua força. Nela, a cantora está abalada e sem rumo por ter perdido seu amor. Ela alega não ter ideia do estágio a que eles chegaram. Teve de enfrentar o fim repentino, mas espera que ele volte ao se lembrar do que fez com que se apaixonasse por ela. É uma balada tradicional, na qual os versos tristes evoluem para um grande refrão. Foi uma das últimas canções que ela escreveu para o álbum. Ela a compôs depois de perceber que, analisando as canções sobre o ex, ela o havia "feito parecer um babaca completo". Como contou em uma entrevista, ela se castigou por isso, repentinamente tendo a sensação de que tinha sido "infantil". Assim, escreveu uma música que relembrava os momentos felizes que tiveram juntos, quando estava totalmente apaixonada por ele.

A faixa seguinte, "Set Fire to the Rain", mostra Adele dividida de novo entre emoções controversas. Relembra a força e o calor que seu ex-

-namorado havia lhe proporcionado, ao mesmo tempo que atenta para outros lados da personalidade dele, que eram inesperadamente menos agradáveis. E então ela se divide entre reconhecer que não pode fazer nada quanto ao fim do relacionamento e desejar que ele volte, esperando que o fogo "arda". Ela afirma que estava "muito chateada quando conheci a pessoa de quem a canção fala e ele me devolveu a vida e me colocou em pé de novo, mas ele também foi um idiota". Musicalmente, tem uma produção pesada, cheia, assim como uma das faixas mais comerciais de *21*. Ainda assim, apesar de comum, não foi escolhida para ser um dos primeiros singles. A maioria dos fãs de Adele não a relacionaria como uma das canções mais conhecidas. Isso comprova a qualidade de sua música.

Em "He Won't Go", canção produzida por Rick Rubin, Adele repete o truque de mudar um verso de modo que a letra seja vista dos dois lados do relacionamento. É sobre dois amigos seus, um deles lutando contra o vício em heroína. Adele foi inspirada por eles. O casal da canção resolveu se separar e, apesar de a garota ouvir de seus amigos que ela está melhor sem o rapaz, ela continua tropeçando nas lembranças e isso a impede de fechar a porta totalmente. Nos primeiros refrãos, ela afirma que não vai embora, insistindo não estar preparada para desistir do relacionamento. No fim, isso se reverte. É o parceiro que não vai embora, que teve tempo de pensar nas coisas e decidiu dar mais uma chance à relação. Afinal, eles concluem: se o que eles sentem não é amor, então o que é? Temática e musicalmente, trata-se de uma canção um tanto diferente na linha de trabalho de Adele: animada, criativa e positiva.

Em seguida vem "Take It All", uma das primeiras canções compostas para *21*. Foi uma criação espontânea: um dia, o compositor Eg White tocou uma única nota no estúdio e Adele simplesmente começou a cantar a letra. Como resultado final, é possível ouvi-la como a mártir, fase pela qual muitas pessoas passam depois de um rompimento difícil. Ela deu tudo o que podia ao seu namorado e questiona se não foi o suficiente. "Trata-se de devoção", explica, e de como essa devoção pode ser retribuída com "falta de consideração". Ela promete mudar, afirma que vai mudar e acredita que, se ele soubesse que tudo o que ela faz é por ele, poderia ver as coisas de um modo diferente. No fim, com uma atitude dramática, ela diz que ele não deve olhar para trás, mas sim receber tudo com o amor dela.

"Eu ainda estava com o meu namorado naquela época", relata a respeito do processo de composição, "o que obviamente foi um sinal de que as coisas iam de mal a pior". Esse foi o único caminho a emergir depois da separação. Foi depois do rompimento que o restante do álbum lhe ocorreu. A dor do amor, mais uma vez, mostrou ser uma grande fonte de inspiração para Adele. "Está tudo unido pela minha voz, não tenho um som definido", explica. "Ainda não faço ideia de qual é o meu som, então, até descobrir, os meus discos serão uma mistura." Mostrando como se sente à vontade com o gospel, o desempenho levemente áspero de Adele dá a esse gênero uma cara nova e objetiva. Apesar disso, sua performance vocal mais "pé no chão" de *21* ocorreria mais adiante no disco.

Depois de dizer adeus a seu homem, Adele deixa a porta entreaberta para ele, a fim de uma possível futura reconciliação? Sim, na faixa seguinte, "I'll Be Waiting". Aqui, temos uma Adele mais contida e arrependida, alegando que era uma criança antes e que no futuro ela será diferente, se ele lhe der mais uma chance. A relação havia acontecido no momento errado, e eles tiveram um namoro a distância, mas no futuro as coisas poderiam ser diferentes. Ela crê no que eles têm. Depois de momentos ruins, ela afirma que o céu está azul e que pode enxergar seu futuro com ele de novo. Essa música foi, confessa Adele, "quase a trilha sonora de minha vida". Enquanto escrevia e trabalhava na canção, ela estava muito feliz. Quando falou sobre ela, voltou a se ligar àquela felicidade e isso ficou claro em suas palavras. "I'll Be Waiting" dá nova marcha ao álbum. A energia foi bem-vinda e muito bem colocada.

Em "One and Only", ela deixa de mostrar seu desejo esperançoso de reconciliação e passa a expressá-lo como um desafio. Ela pede uma chance desde o título da canção, mas agora desafia o ex a abrir mão das próprias objeções e defesas, impondo um desafio, talvez para apelar a seu senso de competição masculina. Produzida por Rick Rubin, foi, como ela define, "outra canção feliz", refletindo, talvez, o fato de não ter sido escrita para o homem que inspirou a maioria das músicas do álbum. Na verdade, foi para um homem que ela conheceu há muitos anos. Apesar de eles nunca terem namorado e da forte ligação, ela previu que poderia se casar com ele um dia.

A ponte[1] de "One and Only" foi, de acordo com Adele, "brega". Foi inspirada em uma cena do filme *Nunca Fui Beijada*, com Drew Barrymore, na qual o mundo fica mais lento no momento de um beijo. "É como num conto de fadas", explica sobre o efeito causado, dizendo que "One and Only" é como uma "canção dos sonhos". Foi um dos melhores desempenhos vocais do disco e da carreira dela até hoje.

Afastando-se do próprio material, ela fez um cover de "Lovesong", do The Cure. Com isso, voltou em espírito ao primeiro show ao vivo a que assistiu, um do The Cure, em Finsbury Park, Londres, no qual sua mãe a levou. Parece que Rubin havia rearranjado a faixa com a intenção de gravá-la com Barbra Streisand, que decidiu não fazê-lo. E então a ideia foi passada a Adele. A letra declara a sensação de completude, liberdade e revigoramento que o protagonista sente ao estar com a pessoa amada. Termina com uma declaração de amor eterno. Para Adele, "é uma canção muito emocionante". Ela estava sofrendo

---

1 "Ponte é, na música (...), uma seção contrastante de uma canção ou peça musical, que também prepara para o retorno de seu tema original." (N. da T.)

com saudade de casa quando a gravou, em Malibu. Ela se sentia triste com a experiência de estar tão longe de tudo o que lhe era familiar. Essas emoções ficam claras na canção que entrou para o álbum. "Eu me sentia muito pesada e a canção me libertou", revela. Adele descreveu a gravação como "linda" e "incrível". Isso, em parte, deu-se ao fato de ela ter perdido um pouco da voz no dia em que a gravou. Em sua opinião, isso combinou com a versão.

O fim do álbum se dá com a icônica "Someone Like You". Nela, Adele mostra-se em seu momento mais triste e no qual mais obtém empatia. Ela afirma que as emoções e os sentimentos da canção, de certo modo, se contradizem aos expressados na abertura do álbum, com "Rolling in the Deep". Assim, o disco fez uma volta completa. Para alguns ouvintes, "Someone Like You" oferece uma sensação de conclusão ao álbum.

O ouvinte acompanhou Adele em uma viagem emocionante, passando pelo desafio, pela dor do amor e por pedidos de perdão. Em "Someone Like You", ela deseja o bem ao ex-namorado. Apesar de implorar a ele para não esquecê-la, ela se mostra muito serena e resignada com os fatos relatados no decorrer do álbum. No entanto, alega que a música é sobre uma mulher desesperada. Por ser tão óbvia, foi a canção que mais se destacou no álbum e também em sua carreira até o momento. Evoca "Hometown Glory", de *19*. E os fãs que ouviram a versão em estúdio de "Someone Like You" depois de ouvi-la cantando ao vivo no prêmio Brits podem ter se surpreendido em alguns aspectos. A versão de estúdio é menos triste do que sua performance no Brits. O refrão parece ainda mais sincero. Ela relata que tentou salvar a imagem do ex-namorado, ao sentir que ele também merecia ser mostrado de modo positivo. "Se eu não escrever uma canção como esta, vou acabar me tornando uma velha amarga para sempre. Serviu para nos deixar numa situação pacífica e aceitar o fato de que, apesar de eu ter encontrado o amor de minha vida, foi na hora errada."

Mesmo muito tempo depois do lançamento, a canção de destaque continuou sendo "Someone Like You". Será que alguém da equipe por trás da canção desconfiava da atenção que ela receberia do público? Na verdade, eles evitaram seguir pelo caminho comum. "Não tentamos deixá-la com um fim em aberto, de modo que se aplicasse a 'qualquer pessoa'", disse o coautor e produtor Dan Wilson. "Tentamos torná-la o mais pessoal possível." Os ouvintes certamente a acharam profundamente pessoal.

Para Adele, foi terapêutica. "Depois de escrevê-la, eu me senti mais em paz. Ela me libertou. Sou mais inteligente em minhas canções. O que eu escrevo são as coisas que nunca consigo dizer [na vida real]. Mas não achava que faria sucesso no mundo todo! Nunca mais vou escrever uma canção como aquela de novo. Acho que será a canção pela qual sempre serei conhecida."

O relacionamento sobre o qual o álbum se baseia trouxe alegria e também dor. "Ele me mudou de uma maneira muito boa e me tornou quem sou neste momento", confessa. "Consigo me imaginar com 40 anos, procurando por ele de novo e descobrindo que ele está estabelecido, casado com uma mulher linda, com filhos lindos e totalmente feliz, enquanto eu ainda estarei sozinha." De certa maneira, foi um pensamento que a assombrou e a assustou.

Analisando o álbum como um todo em uma entrevista, ela comparou a Adele do *21* com a do *19*. Em seu primeiro trabalho, ela parecia "bem ingênua e infantil", apesar do fato de as pessoas sempre a descreverem como muito madura para a sua idade. No entanto, aos 21 anos, ela se sentiu "mais crescida, madura e sincera". Entre as lições de maturidade, está aquela que é o tema central de "Someone Like You": a ideia de que você precisa seguir em frente e desejar o melhor à pessoa. Foi algo que ela aprendeu enquanto se recuperava da dor de uma decepção amorosa. Ela afirma ter se sentido "melhor e mais leve" com essa percepção. "Eu queria que as músicas não tivessem nada de brilhante nem glamoroso, mas sim algo bem simples, diferente de um álbum de Lady Gaga", revelou à *Rolling Stone*. "Eu adoro a Gaga, mas não consigo me ver em todo aquele dance music europeu." Assim, ela procurou inspiração no country. Por ter passado tanto tempo na estrada nos Estados Unidos, havia ficado fascinada por diversos artistas country. Lady Antebellum e Wanda Jackson, a pioneira do *rockabilly*, se tornaram fortes influências. "Eu passei a me interessar por esse tipo de música nos últimos dois anos. Um de meus motoristas norte-americanos durante a turnê de Nashville gravava coletâneas de suas músicas favoritas de country, blues, *bluegrass* e *rockabilly*."

Pensando de modo lógico, sua parceria recente com artistas do country faz muito sentido. Muitos desses artistas escrevem músicas que refletem a dor e outros obstáculos que têm de enfrentar. Isso, literal e metaforicamente, é música aos ouvidos de Adele.

"Ela já foi exposta a coisas que abriram seus olhos musicalmente", diz Paul Epworth. "Grande parte da música dos Estados Unidos no último século surgiu de diversas tentativas e erros, e eu acho que isso se reflete no disco de Adele – o fato de ela se identificar com esses artistas cantando sobre suas vidas."

Além de Epworth, trabalharam com ela nesse projeto Rick Rubin, Ryan Tedder e Francis 'Eg' White. Havia a sensação clara de que *21* foi um álbum ao qual ela se dedicou com seriedade. A respeito de Rubin, ela afirma: "Gosto da maneira com que ele pensa na música e como baseia suas decisões em seus sentimentos".

Mas Rubin não foi o único na equipe de produção. O álbum quase foi produzido pelo ex-líder do White Stripes, Jack White. "Estávamos tentando diversas colaborações, mas não conseguimos fechar essa parceria", conta. Ela gravou uma versão de "Many Shades of Black", de outra banda de Jack, The Raconteurs. O próprio Jack White participou da sessão: "Eu o conheci e foi adorável", conta Adele, e, depois do Grammy de 2009, eles marcaram uma reunião. "Pretendíamos terminar algumas faixas em Detroit, mas não deu certo. No entanto, vai acontecer em algum momento, com certeza quero que aconteça."

Sem dúvida, uma futura colaboração musical entre esses dois talentos musicais é uma ideia maravilhosa. As criações de White com o saudoso White Stripes eram músicas *indie* misturadas com blues e country. Se trabalhasse com Adele, ele poderia produzir um material que retomasse muitos sons que marcaram a infância dela.

Enquanto isso, perto do lançamento de *21*, Adele declarou que se sentia menos tensa do que na estreia de *19*. "Eu estava nervosa e tensa porque era tudo novidade", relembra como se sentiu quando seu primeiro trabalho chegou às lojas. "A recepção foi tão inesperada que as pessoas meio que foram no embalo. Não estou dizendo que agora sou profissional. Mas aprendi a me acalmar e aproveitar tudo. Sinto-me mais livre do que nunca."

Os especialistas da indústria já estavam encantados depois de ouvirem o disco, antes mesmo de críticas serem publicadas. "Ela tem mais jogo de cintura agora", afirma o vice-presidente de música e de relações de talentos da VH1, Rick Krim.

Quando as críticas surgiram, foi quase uma unanimidade entre os críticos a admiração pelo progresso no trabalho. Will Dean escreveu no *The Guardian* que Adele "cresce com maturidade além de sua idade, como em 2008". Comentando sobre o intervalo de dois anos entre os discos *19* e *21*, Dean concluiu: "Uma segunda coleção progressiva e amadurecida, que deve garantir a presença de Adele aos *23*, *25*, *27* etc.".

O *Daily Telegraph* deu a *21* notas máximas e elogios parecidos ao álbum. "Antes, suas canções levemente empíricas não pareciam capazes de fazer jus à sua voz poderosa, mas o peso emocional e musical permite que ela desenvolva sua potência vocal", escreveu Bernadette McNulty. "E a voz dela é algo maravilhoso."

Ela ainda recebeu mais elogios. Holy Moly disse: "Não conseguimos imaginar que haverá um álbum melhor este ano". Lembre-se de que isso foi dito em janeiro. No site da BBC, disseram: "*21* é simplesmente esplêndido. Depois de ouvi-lo apenas algumas vezes, você fica com a impressão de sempre tê-lo conhecido... Absolutamente brilhante".

No *NME*, Chris Parkin disse que *21* "apagou todas as lembranças" de *19*. Também afirmou que as duas faixas de abertura, "Rolling in the Deep" e "Rumour Has It", já foram superiores ao álbum de estreia. Para ele, isso levantou uma questão. "Elas estão anos-luz à frente da Adele magoada que choramingou durante todo o *19*, o que nos leva à pergunta: por que permitir que aquele choramingo em tom pastel ressurgisse no começo do álbum?" Já o site Consequence of Sound questionou a sequência de faixas: "O álbum é meio desigual, a ordem das faixas ficou meio esquisita".

Um dos comentários mais pesados veio do *Observer*, que tinha feito uma crítica positiva de *19*, além de mostrar e promover o trabalho de Adele de outras maneiras. A crítica de música Kitty Empire afirmou que em *21* "os arrepios não acontecem com a mesma frequência que deveriam". Ela imaginava que "os produtores estivessem trabalhando com uma placa escrito 'Mais de dois milhões de discos vendidos. Não estraguem isso' presa à mesa de edição. Muitas canções começam de modo promissor e então se tornam exageradamente dramáticas (isso mesmo, 'He Won't Go')".

Nos Estados Unidos, o álbum foi bem-aceito, talvez em parte devido à aparente influência norte-americana. Jon Caramanica, do *New York Times*, comparou *21* com seu antecessor e gostou do que ouviu. As novas canções estavam, como ele escreveu: "Tão impactantes quanto antes, auxiliadas por uma pequena equipe de produtores classicistas e escritores atentos a ajustes cuidadosos. Enquanto *19* às vezes pode parecer uma pintura de época, *21* é um raro álbum sobre rompimento tão desprezível da cantora quanto seu alvo, que mostra o tipo de detalhes que essas molduras podem suportar".

Greg Kot, do *Chicago Tribune*, ficou menos impressionado. Apesar de achar que *21* foi um avanço, em sua opinião não tinha sido o suficiente. Ele admitiu que Adele tinha bons produtores trabalhando com ela, mas comentou: "Uma pena que as canções em si não sejam melhores. É apenas a pura convicção da voz de Adele que impede 'Don't You Remember' de se afogar na própria tristeza ou de as trocas tortuosas de versos em 'Set Fire to the Rain' entrarem em colapso".

A *Rolling Stone* resumiu como Adele havia mudado desde *19*: "[Ela] fortaleceu o tom, aparou as arestas do jazz e parece pronta para uma briga de bar". Apesar de o crítico ter dito coisas negativas, deu a *21* quatro estrelas e meia e concluiu: "Quando a coisa fica feia, Adele faz o melhor que pode".

Barry Walters, da *Spin Magazine*, foi mais favorável e mais eloquente. Ele escreveu que as fraquezas de *19* tinham sido várias "baladas com violão, do tipo *folk*" e comemorou: "Aquela época terminou; a mesma coisa pode ser dita a respeito do sotaque de Tottenham, proveniente da família Adkins. Agora, ela canta mais alto e escreve de modo mais corajoso, aumentando os floreios dramáticos de produção para sugerir o apocalipse de quem ama. Se você está à procura de um disco que desperte a sua vontade de destruir todos os pertences de seu ex e transar para fazer as pazes entre os destroços, *21* foi feito para você".

Margaret Wappler, do *LA Times*, analisou o disco mais adiante e torceu para que Adele se tornasse fiel a uma de suas equipes de produção. "Não sabemos o estrago que ela fará no *30*, mas vamos torcer para que Epworth esteja no meio", escreveu.

O *The New York Daily News*, famoso tabloide de Manhattan, foi o mais positivo de todos. De fato, ao descrever *21* como "perfeito", foi muito bem recebido. É possível imaginar como Adele ficou feliz ao ler a crítica na qual Jim Farber disse que seu álbum "ultrapassa fronteiras e o tempo". A crítica estava repleta de frases gloriosas e elogiosas a Adele, descrevendo-a como alguém com "tom belo" e "total capacidade pulmonar". Ele encheu *21* de admiração: "Do começo ao fim, ele mostra Adele como a estrela mais brilhante, pronta para ultrapassar qualquer cantora das últimas duas décadas, de Celine a Christina a (suspiro) Whitney". Um grande elogio. Para concluir, tentou lançar uma competição entre as estrelas. O *21* "traz um desafio a todas as divas por aí: 'Faça melhor do que isso'".

De modo mais geral, as comparações com Amy Winehouse persistiram, porém de maneira mais tênue. Por exemplo, um crítico escreveu que, ao lançar um segundo álbum que era melhor do que o de estreia, Adele manteve a tradição de Winehouse, cujo segundo disco, *Back to Back*, foi, na opinião do crítico, superior ao primeiro, *Frank*. O fato de inúmeros artistas terem melhorado entre o álbum de estreia e o segundo não foi suficiente para impedir outra comparação entre as duas.

Os ganhos comerciais e de crítica que Adele obteve com *21* foram óbvios e poderosos. No entanto, um álbum tão emocionante e carregado também havia exigido muito dela, assim como a experiência que influenciou a composição das músicas. "Eu fiquei arrasada ao compor esse disco, por isso o fato de as pessoas estarem gostando dele é a melhor maneira de eu me recuperar, já que ainda não sarei totalmente. Vou precisar de dez anos para me recuperar, creio, vendo como me sinto em relação ao meu último relacionamento", explica. No mínimo, ela havia influenciado um álbum poderoso. Ainda que Adele nunca mais grave outra música, *21* garantirá seu lugar eterno no coração de milhões de amantes de música.

Mas, na opinião de Jonathan Dickins, foi apenas o começo para Adele. "Ela fez um disco maravilhoso do qual estamos profundamente orgulhosos", afirma. "E é apenas mais um passo em uma carreira longa e frutífera. Tudo o que tentamos fazer (todas as decisões) se foca a longo prazo."

Se o som clássico e o estilo de música de Adele melhorarem com a idade – diferentemente de modismos pop de alguns artistas de sua geração –, esperamos que ela continue e goze do tipo de desenvolvimento que Dickins espera ver. As comparações com Winehouse frustraram Adele e seus fãs e ninguém desejaria que ela saísse dos trilhos como a intérprete de "Rehab". Felizmente, havia poucos sinais disso no lançamento de *21*.

Dickins não estava sozinho ao prever que o álbum levaria a coisas ainda maiores para a jovem estrela. Seu potencial para ser uma sensação mundial estava apenas começando a ser notado. "Falando sério, estamos apenas em nosso primeiro single e temos a impressão de que há provavelmente cinco, então acho que é só o começo", disse Rubin à *Billboard* a respeito da campanha de Adele nos Estados Unidos. "E ela mal fez turnês, então estamos nos primeiros passos. Acho que é um belo álbum do qual todos nos orgulhamos e é maravilhoso o fato de ele estar sendo admirado pelas pessoas como vem acontecendo e esperamos que continue assim. Ela é uma cantora incrível. Mostra a alma nas letras e é verdadeira... Usa seu instrumento vocal de um modo que não vemos muito por aí. O que ela tem feito é uma expressão muito pura de si mesma e as pessoas se identificam. Não há truques. É um álbum realmente honesto."

Enquanto isso, voltamos sempre ao relacionamento que deu início e influenciou *21*. Apesar do dinheiro e da fama que o álbum trouxe, Adele ainda assim queria ter aberto mão da música e mantido o relacionamento. "Acho que nunca vou me perdoar por não ter feito o relacionamento com o rapaz de *21* dar certo, porque ele é o amor da minha vida", disse à *Out*. "Eu ainda estaria cantando no chuveiro, claro, mas sobre minha carreira, minhas amizades, meus passatempos. Eu teria aberto mão de tentar ser alguém melhor." O fim do relacionamento deixou Adele muito ferida e triste, mas também teve um lado positivo. Seria o relacionamento com o qual ela compararia todos os próximos. Ela descreveu a ligação que ela e o ex-namorado tinham com uma intensidade emocional forte e surpreendente. "Ele era a minha alma gêmea. Nós tínhamos tudo em comum, em todos os níveis combinávamos totalmente. Completávamos as frases um do outro, e ele sabia como eu estava me sentindo só de olhar no meu olho, na hora. Nós adorávamos as mesmas coisas, detestávamos as mesmas coisas e um era forte quando o outro estava forte e fraco quando o outro estava fraco... Quase gêmeos, sabe? E acho difícil encontrar tudo isso em outra pessoa e acredito que é o que sempre procurarei em outros homens."

Ela havia tomado a iniciativa para esquecer, chegando até a se registrar em um site de relacionamento na esperança de encontrar um novo namorado. "Acabei de me registrar no *eHarmony*. Não posso colocar uma foto minha, por isso não recebo mensagens!". E ela tentou encontrar outras maneiras de virar a página. Foi um processo desafiador. "Devo ter escrito cinco ou seis cartas a ele durante a minha recuperação. Escrevi, coloquei num envelope, selei e tudo, mas não enviei. Tenho uma caixinha de coisas com lembranças de nós dois e elas continuam aqui."

Esse homem teve um grande impacto na vida dela e continua marcando e influenciado suas emoções e ideias. Em uma grande apresentação transmitida pela televisão, em 2011, Adele ainda estava cantando sobre ele e pensando nele. Ficou imaginando que ele podia estar assistindo. Logo depois, o vídeo da apresentação seria assistido por milhões de pessoas no mundo. Era Adele em sua melhor forma.

ALGUÉM COMO NÓS
CAPÍTULO SETE

Foi uma performance carregada de emoção que mudaria a vida de Adele para sempre.

O Brits 2011 ocorreu no Arena O2, em Londres, um local coberto e com capacidade para 20 mil pessoas, promovendo uma atmosfera grandiosa e um tanto intimidadora. A cerimônia precisava de um foco positivo, pois, por muitos anos, os momentos mais notáveis tinham sido polêmicos, longe de dar destaque à música. Entre os incidentes, estavam: a vez em que Liam Gallagher jogou seu prêmio na plateia, em 2010; a discussão entre Sharon Osbourne e Vic Reeves, em 2008; e outros momentos de petulância que foram parar nas manchetes, como quando Jarvis Cocker interrompeu a apresentação de Michael Jackson, em 1996. Fazia muito tempo que um artista não chamava a atenção pelo que realmente importa: a música.

Na terça-feira, 15 de fevereiro de 2011, Adele devia estar se recuperando de ter passado o dia dos namorados sozinha. Mas, em vez disso, estava fazendo uma linda apresentação no Brits. Diante de cerca de 16 mil pessoas e mais quase seis milhões assistindo em casa, ela alcançaria dimensões inéditas ao vivo. Em pouco mais de três minutos, destilaria em uma canção as emoções mais dolorosas que todos enfrentam em algum momento da vida. Tanto os fãs sentados ao redor do palco quanto os grandões da indústria da música presentes nas mesas da pista ficaram boquiabertos com a apresentação.

O apresentador James Corden havia prometido que ele seria "caloroso e sensível" naquela noite. E cumpriu. "Não existe nada como estar ouvindo uma música composta por alguém que você não conhece, a quem nunca viu, mas que de alguma forma consegue descrever como você se sentiu em determinado momento de sua vida", anunciou. "Nossa próxima artista consegue fazer isso sempre. É por isso que ela atualmente é a número um em dezessete países. Se você já sofreu por amor, vai relembrar agora. Com vocês, cantando 'Someone Like You', a bela Adele."

Enquanto se preparava para entrar no palco, Adele deve ter se lembrado de suas diversas experiências de Brits: das vezes em que ela havia assistido à cerimônia em casa, com sua mãe; dos shows aos quais ela tinha ido como fã, apertada entre as pessoas na primeira fileira, com colegas da BRIT School; e na ocasião de sua participação em 2009, quando foi vencedora de seu primeiro prêmio como artista escolhida pelos críticos. Até então, ela era obrigada a ouvir rumores de que não havia ganhado o prêmio por mérito próprio, e sim que havia se beneficiado de algum tipo de armação. Esse ceticismo atormenta o Reino Unido atual, contaminando a psique das pessoas que não conseguem se sentir felizes ao ver outras buscando e conquistando seus sonhos.

Naquela noite, Adele daria uma resposta à altura a todas essas críticas. Usando um vestido *vintage* e belos brincos de diamante, ela estava muito elegante. Outros artistas que se apresentaram trouxeram enormes produções: o Take That havia subido ao palco cercado por dançarinos fantasiados de soldados; Rihanna havia cantado com toda pompa e cerimônia de sempre, enquanto o Plan B havia reprisado o tema do Take That com uma produção de tirar o fôlego, trazendo um dançarino vestido de policial que corria em chamas pelo palco, deixando muitos telespectadores em dúvida se era truque ou um desastre de verdade. A performance de Adele, no entanto, fez diferença: ocorreu apenas com ela, um pianista e uma leve chuva de *glitter* no final. Não teve excentricidades e muito menos tentativas de causar polêmica – foi somente uma apresentação de música.

Quando a câmera a focalizou, ela estava maravilhosa. E assim continuou ao longo da apresentação, mas algo nela ainda mudaria radicalmente. Ela se portou muito bem no começo da música. Para quem assistia, sua linguagem corporal parecia estar escondendo, de modo bem-sucedido, seus reais sentimentos. Ela balançava e apontava os braços. Conforme a música prosseguia, especialmente mais para o fim, seus sentimentos foram ficando aparentes. Durante todo o tempo, apenas um holofote ficou voltado para ela, ao lado do pianista. Foi um desempenho brilhante, à moda antiga. Durante o primeiro refrão, quando os vocais naturalmente ficam mais fortes, ela pareceu dar-lhes ainda mais vigor. O envolvimento da plateia com ela se intensificou quando os aplausos, os incentivos e os gritos de admiração vieram. Quando a canção estava prestes a terminar, começou a cair uma chuva dourada sobre o palco. Nesse momento, a emoção da plateia chega ao auge. Foi um desfecho genuíno. Grãos de *glitter* caíram na parte da frente de seus cabelos e no pescoço. No verso final, ela ergueu o punho para demonstrar a emoção com a música. Ao cantar as últimas palavras, foi como se voltasse à realidade. Ela abriu os olhos levemente. Foi um momento maravilhoso: aquela mulher que estava cantando brilhantemente para milhares de pessoas ao vivo e em casa de repente mostrou-se sem jeito, como uma menina se apresentando diante dos colegas de sala ou numa peça da escola. Foi um olhar de quem pergunta: "Foi bom?". A resposta logo se tornaria óbvia. Seus vocais terminaram e, quando o piano estava encerrando seu papel, as lágrimas que estavam ameaçando brotar escorreram.

"Obrigada", disse à plateia, e todos comemoraram, encantados. Ela havia emocionado a todos, até a ela mesma, e os aplausos serviram para incentivá-la emocionalmente e para reconhecê-la profissionalmente. A admiração que as pessoas sentiam por ela foi notável. Ela mordeu o polegar com nervosismo, em uma demonstração de vulnerabilidade. Imediatamente, a plateia ficou em pé. Em casa, os telespectadores ficaram igualmente impressionados, e lotaram o Twitter com frases de elogio e surpresa.

A câmera, então, se voltou para o apresentador. A sinceridade de sua introdução alguns minutos antes foi provada. Ele esperava uma grande apresentação e ficou mais do que satisfeito. "Uau!", disse, admirado, enquanto as pessoas continuavam aplaudindo de pé. "Não foi maravilhoso? Você pode ter todos os dançarinos, efeitos pirotécnicos, shows de laser que quiser, mas se você canta dessa maneira, só precisa de um piano, é incrível", anunciou para o país.

O veredicto de Adele na noite, porém, foi mais conciso: "Eu me borrei toda".

Por causa da mistura curiosa de ceticismo e expectativas que cercam o Brits, há poucos momentos em que há um consenso entre os espectadores. Adele impressionou e tocou a todos com sua apresentação visceral e entrega. Foi uma lavagem de roupa suja em público. Claramente, grande parte da emoção que ela demonstrou estava relacionada ao assunto da canção – o ex-namorado. Mais tarde, em entrevista à ITV2, ela contou mais sobre a apresentação. "Fiquei muito emocionada no fim, porque eu me emociono com tudo mesmo, e então imaginei o meu ex me assistindo de casa e ele devia estar rindo, por saber que estava chorando por causa dele, e deve ter pensado: 'É, ela ainda está na minha'." Segundo ela, a reação da plateia foi o estopim. "De repente todo mundo ficou em pé, e então eu desmoronei."

Não foi apenas um momento emocionalmente difícil para ela. Foi fisicamente difícil também, pois ela estivera em um hospital antes da cerimônia, e ainda havia uma festa pós-apresentação que não estava em seus planos. "Estou em desintoxicação, cara!", revelou. "Cinco dias sem beber, estou limpa há cinco dias! Não estou bebendo, não estou fumando, não posso beber refrigerante, nada de açúcar, nada de derivados de leite, nada de alimentos apimentados ou cítricos. Não posso comer nada!". Acrescentou que nem mesmo sua taça de vinho tinto adorada, que ela costuma beber depois dos shows, estava liberada. "Não ando bem, então estou muito chata esta noite. Tive laringite, por isso não deveria estar falando, quem dirá cantando. É uma droga... não posso beber, nem falar, nem comemorar."

Os problemas com a voz continuariam a ser um entrave para ela na primeira metade de 2011 e, ao longo do ano, se tornariam uma preocupação. Ainda em fevereiro, sua frustração ficou clara nas entrevistas. O efeito que as apresentações ao vivo tinham era intenso, mesmo sem o peso extra do problema de saúde. Pode parecer que o talento dela vem naturalmente, mas não se engane – Adele sempre pagou caro por seu brilhantismo. Nos bastidores, ela precisou respirar fundo para ganhar confiança para cantar. De fato, ela já admitiu que sempre fica extremamente nervosa antes de subir ao palco. "Tenho medo de plateias", contou logo depois do triunfo no Brits. "Num show em Amsterdã, eu fiquei tão nervosa que fugi pela saída de incêndio", relembra. "Já vomitei algumas vezes também. Uma vez, em Bruxelas, eu quase vomitei numa pessoa. Preciso controlar isso. Mas não gosto de fazer turnê. Tenho muitos ataques de ansiedade."

Por pouco tempo, Adele fez com que muitos se concentrassem no que o Brits deveria ter sido sempre: o puro brilhantismo que pode ser alcançado por meio da indústria da música no Reino Unido. Naqueles três minutos, ela mais do que pagou e fez jus à fé que haviam depositado nela quando ganhou o prêmio de escolha dos críticos, dois anos antes. A reação levou sua fama e popularidade a novos patamares. Assim que foi postado no YouTube, o vídeo de sua apresentação se espalhou pelo mundo como um incêndio. Pessoas que nunca tinham ouvindo falar de Adele, de repente estavam lhe assistindo. Até o verão de 2011, na Europa, o vídeo havia sido visto quase seis milhões de vezes. Passou a competir com o vídeo da vencedora do programa *Britain's Got Talent*, Susan Boyle.

A imprensa encheu Adele de elogios. Seu fã do *Telegraph*, Neil McCormick, foi um dos primeiros a dizer que ela "fez uma apresentação maravilhosa com nada além de uma voz incrível, uma melodia maravilhosa, um piano e uma chuva de *glitter*". Os comentários se espalharam pelo mundo: o *Seattle Post*, por exemplo, relatou que "Adele parecia verdadeiramente emocionada no fim, sendo possível sentir essa emoção. Foi maravilhoso". Em muitos outros jornais e revistas, ela foi considerada a estrela não apenas da noite, mas do evento em geral. Foi uma reação incrível. Mas talvez o ponto mais importante da apresentação no Brits tenha sido seu reflexo nas paradas de sucesso. A canção estava fora do Top 40 antes disso, mas depois de emocionar o país no O2, muitas pessoas fizeram seu download, mandando-a de volta ao topo. É comum que os artistas que se apresentam no Brits percebam um aumento nas vendas como resultado, e, embora 70% de aumento nas vendas seja algo comum, ninguém havia conseguido essa façanha antes. "Someone Like You" foi para o topo das paradas de singles, desbancando "Price Tag", de Jessie J. Assim, Adele ficou com duas canções no Top 5 ao mesmo tempo, pois "Rolling in the Deep" estava na quarta posição no Reino Unido. Ela manteve as mesmas posições na parada de álbuns. O disco *21* manteve-se em primeiro no Reino Unido, enquanto *19* voltou para a quarta posição. Foi a primeira vez, desde 1964, que um artista garantia duas posições entre os cinco melhores com singles e álbuns ao mesmo tempo. Ela estava em boa companhia – os artistas que conseguiram o mesmo feito tinham sido os Beatles. "I Want to Hold Your Hand" e "She Loves You" foram os singles, e os álbuns foram *With the Beatles* e *Please Please Me*. Em seguida, a versão ao vivo de "Someone Like You" foi lançada no iTunes e rapidamente chegou ao topo da parada por lá também. Todas as apresentações ao vivo do prêmio daquele ano ficaram disponíveis para download, e os lucros foram direcionados ao BRIT Trust.

O fato de Adele ter figurado na parada de singles com Lady Gaga e sua "Born This Way" tornou as coisas ainda mais impressionantes. Gaga ficou feliz com isso, revelando, durante uma entrevista para a Rádio BBC, que é fã da moça. "Adoro a Adele", declarou. "Eu a considero maravilhosa e fico muito contente com o sucesso que ela está fazendo nas últimas semanas, com o Brits e tudo o mais. É incrível."

Adele também foi generosa ao elogiar suas colegas. Sua apresentação simples tinha sido elogiada e comparada com apresentações mais barulhentas e produzidas, como a de Rihanna, no Brits, que Adele adorou: "Você olha para alguém como Rihanna e, meu Deus, as coxas dela me fazem amá-la", revelou à revista *Celebs on Sunday*, do *Daily Mirror*. Alguns meses antes, ela tinha saído para dançar o hit de Rihanna, "What's My Name?", e sentiu uma forte ligação com a estrela norte-americana. "No Natal e no Ano-Novo, tive folga e fui a todas as festas de meus amigos cantando essa música. Eu dançava igual, estava convencida de que era Rihanna. Ela me possuiu com essa música, juro", entusiasma-se. Voltando ao Brits, ela disse que tinha sido "inspirada" por Mumford & Sons. A apresentação dos artistas na noite havia levantado comentários de que estava acontecendo um *folk revival* na indústria da música britânica. Alguns desses comentários destacaram a influência *folk* na música de Adele e a incluíram nessa tendência.

Mais tarde, Adele ainda estava confusa e emocionada com toda a experiência do Brits. "É muito bizarro: no prêmio Brits, eu estava com muito medo", confessa. "Nunca senti tanto medo em minha vida, mas acabou sendo a noite que mudou a minha vida. Todo mundo gostou. Nunca fui aplaudida de pé por meus colegas e pela indústria. Foi maravilhoso. Fiquei muito envergonhada ao cantar aquela música, pois detesto ficar emotiva por causa do meu ex-namorado. Estou numa boa agora, mas percebi naqueles quatro minutos que não estava numa boa, por isso chorei. Olhei para meu empresário e ele parecia orgulhoso, e eu adoro deixá-lo orgulhoso."

Certamente, ela aumentaria o nível de apresentações em cerimônias no futuro. Todos vão querer repetir o efeito Adele todos os anos, mas vai ser difícil. Até mesmo ela precisaria se esforçar e ter um pouco de sorte para fazer uma apresentação tão linda de novo. Mas ao menos pode dizer que já fez.

A próxima apresentação ao vivo de "Someone Like You" aconteceu no iTunes Festival em Londres, no Roundhouse, em julho. Adele havia voltado a trabalhar depois de finalmente receber alta dos médicos, que afirmaram que a laringite estava curada. Ela havia anunciado a boa notícia dois dias antes da apresentação, durante uma entrevista com seu querido amigo da BBC Radio 1, Chris Moyles. Adele fez uma breve descrição do problema: "Basicamente, é um buraco nas cordas vocais, mas eu cantei assim mesmo, por isso piorei. Estou melhor agora. Tudo bem, recebi alta", explicou. Adele ficou com medo ao perceber que tinha perdido a voz. "Nunca tinha acontecido antes. Minha voz sumiu." Ela teve de se manter calada por nove dias. Cafeína, álcool e cigarros foram proibidos durante esse período. Ela conta que, para poder se comunicar, tinha de andar "com uma lousa pendurada no pescoço. Como uma criança de castigo. Como uma muda vitoriana". Em determinada ocasião, sua vontade de se comunicar ficou quase incontrolável. Como é de esperar de Adele, foi por causa de um episódio da novela *EastEnders*, da BBC, que a empolgou muito. No entanto, tudo perdeu a graça quando ela começou a temer se conseguiria cantar de novo. Foi um alívio não perder o dom que havia apenas começado a usar profissionalmente, que havia lhe dado muita fama e dinheiro tão rapidamente. Perder a voz para sempre é um medo que assombra muitos cantores. Poucos chegaram tão perto, como Adele, a de fato acreditar que esse pesadelo poderia se tornar realidade. Mas, a julgar pelo seu desempenho no evento do iTunes, ela estava totalmente recuperada.

"Essa música mudou a minha vida, é a minha maior conquista", anunciou ao apresentar "Someone Like You" como a última música do show. "Vou cantar para vocês, então muito obrigada por terem vindo. Fico muito feliz, isso significa muito para mim, então muito, muito obrigada mesmo! Esta é 'Someone Like You'. Tenham uma noite maravilhosa e voltem para casa em segurança, o.k.?". Ela parecia surpreendentemente calma e tranquila durante o primeiro verso da letra, chegando a sorrir. Ao chegar ao primeiro refrão, parecia mais emocionada e envolvida. Na parte final, sorriu para a plateia e, tirando o microfone do pedestal, virou-se para a plateia e disse: "Podem cantar para mim?". Eles prontamente atenderam de modo muito entusiasmado e ela se uniu a eles no meio do refrão. "Mais uma vez", chamou todos para cantar. "Roundhouse, muito obrigada", disse enquanto a plateia aplaudia. Com a emoção acumulada, continuou: "Obrigada, nós nos veremos em breve. Voltarei em setembro". Para agradar aos fãs, um EP com uma seleção de faixas de sua performance foi lançado no iTunes. "Ela continua encantando."

Aquela noite marcou uma apresentação intensa de Adele, com a pressão de sempre, incluindo o fato de que seu ex-namorado provavelmente estaria assistindo ao programa na televisão. Ela afastou esse pensamento mostrando o dedo do meio para as câmeras. Nos intervalos entre as canções, bebericava uma bebida quente à base de mel para ajudar suas cordas vocais. "Preferiria estar bebendo vinho tinto", revelou. Também apresentou covers: um da canção de Bonnie Raitt, "I Can't Make You Love Me", e outro de "Lovesong", do The Cure, além de diversos sucessos seus. Foi um retorno triunfal ao palco depois da convalescência. "Estou muito aliviada", confessou depois, "e foi ótimo e minha voz está bem, então estou bem feliz".

Dúvidas de que ela não retornaria 100% foram afastadas quando ela começou a cantar "Hometown Glory". No fim do primeiro verso, a música pausou e ela subiu ao palco, sendo aplaudida e ovacionada pelos fãs. "Olá!", ela disse animadamente, antes de retomar a música. Com isso, marcou o contraste entre a voz com que canta e a sua voz normal. E a plateia adorou! Ela estava muito animada. Depois de se repreender por dizer muitos palavrões entre as músicas, xingou de novo logo depois de tentar parar. "Aposto que fodi com tudo", disse. "Ai, merda, xinguei de novo, e eu prometi que não faria isso!". Quando apresentou "If It Hadn't Been Love", anunciou: "É sobre atirar em seu parceiro – algo que senti vontade de fazer com alguns namorados". Ela também fez uma piada a respeito do cabelo de Beyoncé, quando a superestrela se apresentou no mês anterior em Glastonbury. A plateia aprovou. Adele sabe bem que seus comentários entre as canções entusiasmam o público. Ela costuma dizer que o nervosismo é o seu embalo. Esse lado mais falante de sua personalidade, segundo ela, foi herdado da avó. "Eu fico tão nervosa no palco que não consigo parar de falar", confessa. "Eu tento pedir a meu cérebro 'pare de mandar palavras para a boca', mas fico nervosa e me transformo na minha avó. No fundo, é puro medo. Fico achando que não vou conseguir."

Essa falta de papas na língua havia começado a ganhar mais peso conforme ela deixou de ser estrela e se tornou uma superestrela. Suas palavras chamavam tanta atenção e tantos comentários que às vezes a colocavam no centro de uma tempestade da imprensa. Esse era apenas um dos preços da fama. Para a sorte de Adele, ela se sentiu bem confortável em seu recém-adquirido nível de celebridade.

# AS VÁRIAS FACES DA FAMA
CAPÍTULO OITO

Algumas estrelas pop podem passar anos sem causar polêmica ou sem dizer algo divertido ou inteligente. Num mesmo dia, Adele não consegue deixar de fazer piada ou dizer algo provocante. É como se a personalidade e a opinião que faltam em estrelas pop sem graça tivessem sido dadas aos montes a Adele. Sobre os impostos em 2011, ela declarou certa vez: "Fico abismada por ter de pagar 50%. Apesar de usar o sistema público de saúde, não posso mais usar o transporte público. Os trens estão sempre atrasados, a maioria das escolas estaduais é uma porcaria e tenho de pagar cerca de quatro milhões... Acha isso divertido?".

Esse comentário foi destaque por um tempo. Dizer que as pessoas não aceitaram é pouco. O termômetro do humor do século XXI, o Twitter, mostrou muitos revoltados com Adele. "Aquele comentário de Adele reclamando dos impostos e criticando as escolas públicas me irritou pra caramba", comentou um usuário. Outro escreveu: "Recebi meu salário hoje. Ver a quantia que eu embolso depois de pagar os impostos é bem deprimente". Outros usuários foram mais sucintos, descrevendo Adele como "tola". Os fãs de música raramente se sentem solidários quando ouvem os artistas reclamarem das armadilhas da fama. Mas Adele não foi a única. Quando o U2 tirou seus negócios da Irlanda e, com isso, reduziu a carga de impostos, muita gente torceu o nariz. Alguns, em protesto, chegaram a boicotar as apresentações ao vivo da banda irlandesa. Os Rolling Stones passaram um tempo no sul da França para evitar os impostos britânicos. Astros de outras áreas reclamam dos impostos, entre eles o ator Michael Caine e o piloto de Fórmula 1 Lewis Hamilton.

Não é algo que agrada aos fãs. Desde a época dos Beatles, nos anos 1960, com a faixa "Taxman", até os recentes Kinks, que também reclamaram dos impostos altos em uma canção, o público raramente apoia esse tipo de reivindicação. Isso enfatiza uma questão mais abrangente que os músicos abastados enfrentam: como se manter em harmonia com as massas de fãs que usaram o próprio dinheiro para torná-los grandes. Um dos desafios para os músicos é continuar falando e cantando sobre sentimentos que não os afastem de seus fãs. No caso de Adele, a imprensa naturalmente pegou pesado ao divulgar seus comentários. A imprensa fica tão frustrada com a tendência que muitas celebridades têm de ser controversas que, quando uma delas fala sobre determinado assunto, os jornalistas aproveitam para dar muita ênfase. Um jornalista do *The Guardian* abordou cada parte do desabafo de Adele. Alertou que, se os impostos não fossem pagos, o sistema público de saúde desapareceria. Quanto ao transporte, comentou que, como Adele declarou não usá-lo, a reclamação a respeito dos atrasos não fazia sentido. Disse que pesquisas recentes mostraram que as escolas estaduais não eram "uma porcaria" e que era o recolhimento dos impostos que as impedia de se tornarem um lixo.

O *Daily Telegraph*, que sempre se mostra como um veículo de direita, foi mais compreensivo. James Delingpole disse: "Adele, sua atitude sincera, destemida e íntegra põe o resto da indústria no chinelo". Mas esse tipo de apoio foi raro. Muitas pessoas disseram que a carreira musical de Adele havia sido ajudada pelo fato de ela ter frequentado uma escola estadual, a BRIT. O famoso colunista do *Daily Mirror*, Tony Parsons, escreveu: "Todo mundo adora Adele – até ela começar a falar sobre impostos". Mas ele não se colocou contra, exatamente. Como muitos dos observadores mais racionais naquele momento, ele compreendeu que uma pessoa que pagava 50% de impostos poderia ficar frustrada por esse peso. Também criticou aqueles que sugeriram que Adele poderia ir embora do país se não estivesse satisfeita. Afinal, segundo ele, nesse caso ela não pagaria imposto algum.

Talvez o maior apoio e quase certamente o mais surpreendente veio do Adam Smith Institute (ASI). O fato de uma organização tão respeitosa estar discutindo sobre Adele mostra o tamanho da repercussão de seus comentários. A ASI disse que não havia nada de errado na opinião de Adele e que muitos britânicos emergentes pensavam a mesma coisa. "Muitas pessoas por aí não entendem por que precisam abrir mão de uma parte tão grande do dinheiro que ganham para pagar por trens atrasados e escolas ruins. Junte-se a nós, Adele", eles disseram.

A tempestade criada não foi totalmente justa. Adele havia construído sua carreira com esforço e com raízes humildes. Ela não é gananciosa, como constataram as pessoas de seu convívio. Compartilhou seu sucesso, em todos os sentidos, com seus entes queridos. Além da mãe, ela tem ajudado outros membros da família e tirou férias de sua fama, recusando ofertas lucrativas para passar tardes com velhos amigos. Com suas aspirações de muito tempo, ela também pareceu demonstrar um lado menos interessado em dinheiro e mais voltado para a felicidade e a sinceridade. "Sinto que estou aqui para ser mãe", declarou. "Quero cuidar de alguém e ser cuidada, dar tudo de mim a alguém no casamento e ter uma família, ter um propósito."

A cena musical britânica precisa de personagens e assuntos polêmicos. Seria triste se uma de nossas personalidades mais divertidas e sinceras se sentisse intimidada e evitasse assuntos delicados. Os jornalistas que se queixam de celebridades que ficam em cima do muro não deveriam atacar aquelas que assumem uma posição, pois podem acabar descobrindo que não vai sobrar ninguém para injetar um pouco de carisma na indústria da música.

Vale a pena parar para pensar no ritmo com que o progresso da carreira de Adele e seu nível de reconhecimento avançaram. Desconhecida aos 19 anos, ela ficou famosa nos círculos da música britânica aos 20. Nos doze meses que sucederam seu aniversário, ela se tornou, entre os fãs de música, uma estrela internacional. Conseguiu – por meio de uma combinação de esforço e traços de personalidade intrínseca – manter-se o mais normal possível entre as mudanças. Por exemplo, ela não se deixou embevecer pelos restaurantes de celebridades que teve a chance de conhecer. "Fui ao Ivy. Detestei. Achei uma droga", disse à jornalista Liz Jones. "E ao Nobu. Eles são uma porcaria." Confessou que preferia passar a tarde no parque com velhos amigos, bebendo cidra, falando sobre o passado e rindo muito, geralmente. Na medida do possível, era como se Adele não tivesse ficado famosa. Ela manteve a amizade com os contatos antigos porque não conhecia outra vida. Para ela, não foi uma questão de escolher entre seus amigos do *showbusiness* e os já existentes. Havia espaço para todos em sua vida. Ela conseguia fazer parte do círculo de famosos e ainda voltar para companhias mais familiares.

Sua vida amorosa em 2011 também não foi muito divulgada. Ela já admitiu ter namorado algumas pessoas conhecidas, mas não revelou seus nomes. "Já saí com algumas celebridades, mas não gosto disso. Todo mundo fica olhando. Não vou dizer com quem foi. Íamos a lugares bem estabelecidos que sabiam manter o bico fechado. Mas todo mundo quer dormir com uma celebridade, por isso não confio em ninguém."

Perguntaram qual seria seu "tipo" de homem, mas ela respondeu que não se limita nesse assunto. "Não tenho um tipo", disse à *Glamour*. "Nunca tive. Mais velho, mas não com 50 anos. Não gosto de mais novos do que eu. Sou bem jovem, então seria como estar transando com o Justin Bieber! Qualquer raça, qualquer tamanho, mas precisa ser engraçado." Quando pediram para ela citar um homem famoso da atualidade a quem considerava bonito, ela aproveitou o embalo do casamento do Príncipe William com Kate Middleton (em 2011) e respondeu que o irmão mais jovem de William era o mais atraente. "Estou a fim do Príncipe Harry", revelou. "Eu sei que eu disse não gostar de ruivos, mas é o Príncipe Harry! Assim, eu me tornaria uma duquesa. Adoraria sair com ele uma noite, porque ele parece muito engraçado."

Certamente, o estilo despojado e imprevisível de Harry combinaria com Adele. Impossível não imaginar a cantora extrovertida e boca-suja fazendo parte da monarquia britânica. Pena ser algo tão improvável. Ela também relatou, em fevereiro de 2011, que estava começando a namorar um homem engraçado. "É o começo", revelou a respeito do relacionamento. "Ele quer ser comediante. Ele me faz rir." Quando nos lembramos de sua gargalhada alta e marcante, sorrimos ao imaginá-la namorando alguém que poderia fazê-la rir com frequência. "Ainda estamos nos conhecendo, mas está ótimo."

Mas e os boatos que a relacionaram, em 2011, ao rapper Kanye West? Adele e Kanye West se conheceram no prêmio Grammy, em 2009. Naquela noite, ao entregar a ela o prêmio, ele disse ter chorado quando ouviu seu primeiro disco. "Acredito que a honestidade dele o tenha deixado tocado, porque ele explicou que as letras das músicas descreviam perfeitamente a dor que sentiu por causa da morte da mãe, em 2007, assim como se sente no fim de um relacionamento", explicou Adele. As histórias foram atribuídas a pessoas não identificadas, por isso não têm como ser relacionadas a ninguém. "Não é segredo para ninguém que Adele anda mais feliz do que nunca", divulgaram na *Look*. Na verdade, os dois trocaram elogios profissionais em 2008. Em seu blogue, West mencionou a canção "Chasing Pavements": "Essa música é o máximo!".

Adele ficou emocionada pelo voto de confiança de um talento musical tão respeitado. "Estou surpresa", revelou. "Ele é um mega-astro. Gostaria de um dia trabalhar com ele também."

Essa não foi a primeira vez que ela mencionou querer trabalhar com um artista bem conhecido. Um traço de sua carreira tem sido expor publicamente a ideia de formar parcerias inéditas. "Quero fazer um álbum de *bluegrass* e adoraria que fosse com Jack White", disse a respeito do integrante do White Stripes, de quem regravou "Many Shades of Black".

Outros artistas já quiseram formar duetos com Adele. Não é surpresa nenhuma, dado o respeito dos críticos e do potencial comercial que ela tem. Alicia Keys foi uma das interessadas: "Ela é ótima! Com certeza vejo a possibilidade de fazermos alguma coisa juntas". No entanto, os boatos de que Keys e Adele estavam tendo um relacionamento amoroso foram negados. "Acho que foi o meu próprio marido que começou com essa fofoca", brincou Alicia. Ela é casada com o rapper e artista Swizz Beatz. "Ele está tão animado, nós adoramos a Adele!".

Beatz confirmou ter gostado da ideia e que não se importaria se outra pessoa fizesse a produção da parceria – ele simplesmente queria que acontecesse, para poder curtir o resultado. "Eu só pensei que seria um momento maravilhoso para as duas, porque elas têm estilos incríveis e uma admira a outra, então seria ótimo fazer esse bem à música." Quando perguntaram a ele se o dueto realmente aconteceria, ele respondeu: "Estamos caminhando, estamos caminhando".

O rapper de Londres Wretch 32, que fez um cover de "Someone Like You", também sonha em criar algo com Adele. "Seria maravilhoso, mas acho que é impossível, por isso não quero nem pensar. Ela é uma das melhores que já surgiram neste país", elogiou.

E também a dupla LMFAO, de Los Angeles. "Adoraríamos trabalhar com Adele", disse Redfu, um dos integrantes.

Na Inglaterra, o rapper Tinie Tempah declarou em maio de 2011: "Estamos criando algo juntos. Vai ser o máximo. Vocês ficarão sabendo logo".

Mas, apesar da constante especulação a respeito de uma série de duetos diferentes – alguns mencionados pela própria Adele –, ela mesma acalmou os ânimos ao declarar que fazer um dueto em estúdio não estava em seus planos imediatos. "Acredito que a maioria dos duetos passa despercebida, e acho que nunca existirá um tão bom quanto o de Marvin Gaye e Tammi Terrell", disse. "Mas, aproveitando, acho que Estelle e Kanye com a música 'American Boy' foram ótimos e adorei 'No Air', do Chris Brown com a Jordin Sparks."

Estelle, mais tarde, falou com admiração que a música de Adele estava sendo um sucesso, descrevendo-a como "ganhando o mundo". Mas, quando o assunto eram parcerias em estúdio, Adele as recusou definitivamente. "Não vou fazer parceria nenhuma. Acho que posso arruinar as parcerias. Adoro cantar com as pessoas ao vivo, e não no disco." Mas acrescentou: "Se eu pudesse fazer uma com alguém, seria com Robbie [Williams]. Quem sabe um dia... eu adoro o Robbie".

Ela também já falou muito sobre as coisas de que gosta e não gosta, revelando sua opinião musical. "Sou apaixonada por Gaga, Rihanna e Drake e todos os outros, mas eu não diria algo como 'Vamos fazer uma música como a 'Find Your Love', de Drake", disse à RWD. "Fico muito feliz em saber que Chipmunk e Tincky [Stryder] e todos esses estão se dando bem, mas detesto o fato de estarem trabalhando com dance music sueca. Acho bem desanimador. Quero fazer música orgânica, apenas eu e uma banda em uma sala, mantendo-me fiel às minhas raízes. Independentemente de dar certo ou não, pelo menos poderei manter a cabeça erguida." Foi uma opinião compartilhada por outra jovem artista, Laura Marling, em seu álbum de 2010, *I Speak Because I Can*. "Sou grande fã de Laura Marling e sempre fui, antes mesmo de ela lançar o primeiro álbum", revelou à BBC. "Ela sempre evolui e me deixa querendo mais. Às vezes, eu me identifico com suas canções, mas às vezes não as compreendo. Ela sempre me deixa curiosa. É disso que gosto num artista. Ela se mantém fiel." Adele tem mencionado Marling há alguns anos. Em 2008, por exemplo, havia falado sobre ela durante uma entrevista para a Digital Spy, elogiando o fato de Marling fazer muito pela credibilidade musical. "Ela está no meu MySpace", revelou. "É uma artista nova em folha – estou tentando ser bem bacana falando sobre ela!". Foi uma declaração fofa e humilde de uma mulher que sabia que suas palavras tinham peso, mas não foi arrogante a ponto de acreditar ser uma profetisa musical.

Os rumores a respeito dos duetos persistiram, com o nome mais citado sendo o de Beyoncé. A cantora norte-americana já elogiou Adele diversas vezes, algo que ela considera difícil de entender. "É esquisito", disse. "Era para eu tê-la conhecido no *Saturday Night Live* quando me apresentei lá. Ela pediu uma credencial, mas não pôde ir, pois teve de viajar para algum lugar. Sou a maior fã de Beyoncé! O trio Destiny's Child é a minha vida. Elas me faziam querer só pop, com uma voz cheia de efeitos, alta. Durante horas eu ficava tentando imitar Beyoncé, eu a adorava, eu a considero maravilhosa. Adoro as três."

Em 2011, Beyoncé foi a surpresa do Glastonbury Festival no final de junho. Talvez pensassem que ela fosse popular demais para se apresentar em um evento alternativo, mas, quando subiu ao palco, dominou tudo, prendendo a atenção da plateia e dos milhões que assistiam em casa.

Não fosse pela laringite, segundo o *The Sun*, Adele teria se unido a Beyoncé para um dueto no palco. Adele havia comentado sobre o problema na garganta meses antes, após o prêmio Brits, e precisou recusar a proposta de Beyoncé. "Adele ficou totalmente arrasada, pois Beyoncé é uma de suas cantoras preferidas. Teria sido um sonho realizado cantar com ela – o show de sua vida. Mas os médicos disseram que ela precisa descansar a voz ou correrá o risco de perder seu bem mais precioso. Ela espera que um dia as duas possam fazer algo juntas", relatou o jornal.

A doença de Adele já havia afetado sua última turnê pelos Estados Unidos, que ela cancelara naquele mês com grande pesar. Mas já estava fazendo planos para remarcar a parceria para mais adiante, no verão, quando esperava estar completamente recuperada.

Um dia depois do show em Glastonbury, Adele viu Beyoncé se apresentar em um show particular no Shepherds Bush Empire, em Londres. Havia outros famosos na plateia, como Jessie J, Tinie Tempah, Gwyneth Paltrow, Jay-Z e membros do elenco do seriado *Glee*. A lista de convidados famosos também incluía Ewan McGregor, Alexandra Burke, Stella McCartney, a vocalista do Sugababes (Jade Ewen), o vocalista do JLS (JB) e Paloma Faith. Adele estava linda e discreta, da maneira como deveria ser em um show em um local pequeno. Usava um blazer preto e comprido, leggings combinando e uma blusa colorida. Jessie J estava em maior destaque: sua blusa colorida era mais chamativa do que a de Adele e ainda estava usando muletas por estar com o pé quebrado. Ao mesmo tempo, a chegada de Adele, Jessie e Tempah provocou um alvoroço no local. "Pode-se dizer que a plateia praticamente enlouqueceu de emoção", escreveu o jornalista do *Mirror* a respeito daquele momento.

Não era a primeira vez que Adele via Jay-Z na viagem que ele fez ao Reino Unido. "Jay tem aproveitado sua viagem ao máximo por lá", escreveu um jornalista. Uma parte essencial dessa diversão foi conhecer a nossa heroína. "Ele não costuma ficar encantado com as pessoas quando as conhece, mas com Adele foi diferente. Ela fez com que ele quisesse se esconder de vergonha. Ele ria sem parar enquanto conversava com ela. Ele contou que ia ao Glastonbury e ela o aconselhou a ver Paolo Nutini. Afirmou que ele era a atração imperdível do festival."

No palco do Shepherds Bush, Beyoncé estava incrível. Ela abriu o show com "Run the World (Girls)" e, no fim, incluiu sucessos como "Listen", "Single Ladies (Put a Ring on It)" e "Halo". "Você vai ter que me desculpar, porque ainda estou emocionada por ontem", disse a Adele e às demais pessoas. Então, ela fez seu cover do sucesso do Queen, "Bohemian Rhapsody". "Sabe de uma coisa? Eu ia cantar uma música, mas não tive tempo. Ela se chama 'Bohemian Rhapsody'."

A noite tinha sido maravilhosa para todos. Assim como Adele estava animada por ver e conhecer algumas celebridades da plateia, muitos ficaram felizes em conhecê-la. Gwyneth Paltrow anunciou no Twitter que ficou "doida" ao conhecer a cantora.

Na manhã seguinte, enquanto Adele ainda pensava na inesquecível noite anterior, surgiu mais uma notícia sobre mais uma conquista. O número de discos digitais vendidos no Reino Unido em 2011 chegara à marca de 10 milhões num tempo recorde, segundo os dados oficiais das paradas. Adele foi a peça principal nessa estatística, vendendo mais de 500 mil álbuns digitais, e *21* se tornou o primeiro álbum a passar a marca de 500 mil downloads. No mesmo dia, mais boas notícias chegaram, vindas do outro lado do mundo. Apesar do fato de Adele nunca ter pisado na Austrália, muito menos se apresentado por lá, ela havia alcançado o número 1 nas paradas australianas dos singles e dos álbuns, quando "Someone Like You" desbancou "Party Rock Anthem", do LMFAO.

As notícias vieram logo depois de outra incrível conquista nos Estados Unidos. O retorno de *21* ao topo da *Billboard Top 200*, em junho de 2011, fez dele o primeiro álbum do Reino Unido deste século a se manter por dez semanas na posição 1, enquanto "Rolling in the Deep" também se tornou a segunda maior recordista na parada *Hot 100* de uma cantora britânica na história.

Enquanto mais e mais acontecimentos se desenrolavam na vida de Adele, a banda de rock Linkin Park gravava um cover acústico ao vivo de "Rolling in the Deep" na Alemanha. Eles o haviam tocado pela primeira vez na televisão, e então o repetiram no iTunes Festival, em Londres, em julho de 2011. A canção era parte de uma apresentação de cinco músicas que foi muito bem recebida. A ex-vocalista do Pussycat Dolls, Nicole Sherzinger, também havia feito um cover da canção durante uma apresentação particular em Mônaco.

As boas notícias não paravam de chegar para Adele. Em julho, "Someone Like You" se tornou o primeiro single da década a vender mais de um milhão de cópias.

De sua parte, Adele revelou que a sua própria playlist em 2011 incluía o álbum de Bon Iver: "Tenho certeza de que já se tornou o disco do ano, para mim", escreveu em seu blogue. "Dizem que, na hora da morte, a vida toda aparece diante de seus olhos como em um filme, em que todas as lembranças passam em flashes. Acontece a mesma coisa quando o ouvimos cantar, mas com a diferença que você sobrevive!". Ela encerrou o texto com um pedido aos fãs: "Se ainda não ouviram, ouçam. Muito, muito especial! A trilha sonora do meu coração".

Sem a menor dúvida, o comentário positivo a respeito do trabalho do cantor de *indie-folk* norte-americano lhe rendeu um aumento nas vendas do disco. Graças ao tamanho do fã-clube de Adele, um elogio feito por ela é muito valioso.

Em meados de julho, *21* se tornou o álbum digital mais vendido de todos os tempos nos Estados Unidos. Apenas uma semana depois de o álbum *Recovery*, de Eminem, ter se tornado o primeiro a vender um milhão de cópias digitais, *21* superou esse feito e fechou uma importante conquista. Houve a agradável sensação de ciclo encerrado. Por ter lançado a sua carreira por meio de formatos on-line, como o MySpace, Adele agora era a rainha das vendas on-line nos Estados Unidos. Como disse um figurão da indústria da música norte-americana, seu apelo atravessa fronteiras, desde as pessoas jovens, que fazem download de faixas individuais, a clientes mais velhos, que compram o álbum todo. No entanto, ele a descreveu como sendo, antes de mais nada, "uma artista de pacote completo", ou seja, muitas pessoas que gostavam de seus singles sentiam vontade de conhecê-la melhor, comprando todos os seus trabalhos. Isso explica o desempenho comercial mantido de seus dois discos. Quando ela se tornou a artista de maior venda digital na história dos Estados Unidos, *21* voltou ao topo das paradas no Reino Unido.

Colocando a sorte de Adele em um contexto mais amplo, vale a pena notar que, juntamente com Beyoncé e Lady Gaga, ela está no centro de uma revolução feminina no pop. Durante muitos anos, foram as *boy bands* que pareciam dominar as paradas. Até que veio Justin Bieber, cujo enorme nível de popularidade apenas ressaltou o fato de que um rostinho masculino bonito era a receita infalível para subir nas paradas. No entanto, desde então, são as cantoras – especialmente o trio maravilhoso formado por Adele, Beyoncé e Gaga – que cada vez mais dominam o topo. Ao analisar o conjunto de influência, popularidade e chamariz comercial, é possível prever as artistas que vêm logo atrás na corrida: Rihanna, Leona Lewis, Katy Perry e Nicole Scherzinger. É o verdadeiro *girl power*.

Entre todos esses discos, conquistas e outros avanços, Adele ainda estava fazendo o que mais importava a seus fãs: cantando. Em maio, ela se apresentou em Nova York, no Beacon Theatre, no bairro de Upper West Side. Começando com uma versão especialmente animada de "Hometown Glory", um crítico a descreveu como "dinâmica e graciosa, fazendo acréscimos casuais em suas músicas que sugeriam sua facilidade musical". Ao falar dos comentários que a cantora faz entre as canções, que são sempre muito divertidos, o crítico notou sua "presença engraçada e despretensiosa entre as canções, dançando e dizendo coisas ruins sobre o ex-namorado idiota que inspirou a tristeza de *21*". A plateia era heterogênea e, entre os comentários que o crítico ouviu, estava: "Vou comprar esse disco e enviá-lo para aquele idiota... e também para o meu namorado". Na hora da saída, algumas pessoas estavam chorando, outra assoviando, outras sorrindo. Todos, aparentemente, estavam profundamente emocionados, cada qual a seu modo.

Ela também se apresentou na boate GAY, em Londres, depois da parada do orgulho gay. Foi um momento especial porque ela já havia dito que adorava seus amigos gays e também os fãs homossexuais, parecendo à vontade na frente deles. Quando a música "Someone Like You" começou a ser cantada, a atmosfera foi de grande comoção e admiração mútuas. As pessoas cantaram junto o tempo todo, tanto o refrão quanto os versos. Quando ela cantou "Someone Like You", apontou para a plateia ao cantar o "you". E exagerando para ser engraçada, disse que todos os amigos dela são gays e que ela desempenha a função de um tipo de conselheira para eles. "Minha vida sexual é bem solitária, mas tenho muito drama", confessou à revista gay *Attitude*. "Sou a tia encalhada, eles sempre vão à minha casa chorando às quatro da manhã."

Enquanto isso, as boas notícias não paravam de chegar e foi revelado que seu nome havia sido relacionado a um evento de prestígio. Também disseram que ela participaria da abertura das Olimpíadas de 2012 em Londres. E especularam que cantaria o tema da próxima sequência de *007*. Ela era uma das três favoritas, com Beyoncé e Leona Lewis logo atrás. Sua música "Someone Like You" vinha sendo cobiçada por produtores de filmes de todos os gêneros e parecia perfeita para a telona. Adele não teve pressa para fechar um acordo desse tipo e disse que escolheria bem para onde sua música iria. "Estou reservando-a para um ótimo filme *indie*. Ela é pessoal demais, não vou entregá-la à maldita Hollywood." Ela foi direta quando perguntaram se ela gostaria de ver uma de suas canções em uma série famosa de vampiros: "Não quero aparecer no *Crepúsculo*".

Em meio à popularidade de grandes produções teatrais, com suas fantasias chamativas e apelos promocionais, Adele chegou para lembrar que um artista não precisa de mais nada quando a canção é maravilhosa e a voz que a interpreta é especial. Por exemplo, a apresentação que ela fez no Brits, em 2011, com apenas o piano e o palco.

No dia seguinte, as pessoas se lembravam de Adele entre as enormes produções de Take That e outros. "Minha música não é estilizada; não é vendida pela imagem, pela minha sexualidade, antipatia ou qualquer coisa assim. Acho que seria muito bizarro se eu começasse a fazer cenas e exageros – não combinaria com a minha música." Foi por isso que ela se sentiu desconfortável com a ideia de ver sua música sendo usada por empresas ou marcas. E, ainda assim, é algo que muitos artistas fazem ao longo do caminho. Vender uma música para uma empresa, para que essa música seja usada em propagandas, é um negócio muito lucrativo. De fato, com tanta música com downloads ilegais, essa foi uma das poucas maneiras que restaram para um artista ganhar dinheiro de verdade. Apesar de esses acordos serem, sem dúvida, muito lucrativos, essas associações prejudicam a credibilidade, na visão de alguns puristas.

Sobre os artistas que ela acredita estarem "desgastados", por terem seguido pelo caminho da venda de músicas, Adele opina: "Eu acho *vergonhoso* vender a própria música dessa forma. Eu me tornei uma marca e não farei coisas para que as pessoas digam: 'Por que ela fez isso?'. Isso depende de que tipo de artista você quer ser, mas não quero o meu nome associado a outra marca... acho desnecessário".

Ela também se opõe a outras maneiras de ganhar dinheiro pelas quais alguns artistas se deixam seduzir, por exemplo, o lançamento de faixas em formato *deluxe*. Esses lançamentos podem incluir o álbum original com alguns lados-B e talvez uma demo ou gravação ao vivo. Para uma gravadora, seria uma ótima maneira de aumentar as vendas de um álbum. A própria Adele admite não reprovar esse tipo de lançamento, nem mesmo com a sua própria gravadora, quando eles lançaram uma versão *deluxe* de *19*. Ela afirma que qualquer artista que explora a rota do álbum *deluxe* é um "completo desesperado", pois teme que esses lançamentos acabem por afastar um artista de seus fãs. "Lados-B não formam um disco, porque eles são porcaria, entende?", declarou à revista *Q*. "É enganar seus fãs! Já comprei álbuns *deluxe* e fiquei pensando: 'Que droga de música!', e assim você pode deixar de gostar do artista, pode pensar: 'Você está me enganando!'."

Adele nunca se esqueceu dos sentimentos que teve quando era apenas fã, mesmo depois de obter milhões de fãs. Suas ideias do que faria ou não como artista estavam bem definidas. Por exemplo, ela prometeu que não voltaria a se apresentar em nenhum grande festival ao ar livre. "Pensar numa plateia daquele tamanho me mata de medo", revela. "Além disso, acho que a música também não daria certo", completa. Ela acredita que seu material é muito lento e suave para dar certo com uma plateia de festival. Como alguém que já foi a festivais como fã, ela formou sua opinião a respeito de baladas nesse tipo de evento. A menos que fosse o Coldplay tocando, ela não gostava de ouvir baladas ou músicas lentas. De fato, quando estava no meio de tantas pessoas, geralmente era para ver apresentações de música agitada. Assim como não queria cantar em grandes festivais, preferia não tocar no enorme O2, de Londres. Seus produtores de turnê tentaram convencê-la de que tocar em locais pequenos exigia que fossem agendadas mais datas de apresentações, assim como viagens mais frequentes. Ela rebateu: "Prefiro me apresentar durante 12 anos no Bar Fly [uma casa pequena ao norte de Londres] a uma noite no O2!". Disse ainda que, por ter tomado tantas decisões a respeito do que pode ou não fazer, sentia-se em paz. Para ela, essas decisões tiveram de ser tomadas para que pudesse continuar feliz em sua carreira e em sua vida. Ela sabia que "algumas pessoas pensam que sou maluca", sem ter nenhum problema com isso.

Havia certas exceções à regra. Por ser uma grande fã da novela de longa data australiana *Neighbours*, ela alimenta o sonho de um dia fazer uma ponta, cantando ao lado de Harold Bishop, interpretado por Ian Smith. "Adoro *Neighbours*, principalmente o Harold", declara. "Ele toca tuba, então adoraria chamá-lo para tocar em algumas faixas.

Em troca, eu poderia fazer uma participação no *Neighbours*, como fez Lily Allen. Mas primeiro preciso superar o meu medo de viajar de avião para tão longe." Depois de participar de *Ugly Betty*, *Neighbours* seria perfeitamente adequado para Adele. Afinal, antes da fama ela definia seus Natais de acordo com o que acontecia nos programas de televisão.

E as indicações a prêmios não paravam de chegar. Em julho de 2011, anunciou-se que as canções de Adele concorriam em nada menos do que sete categorias no MTV Video Music Awards, incluindo o prêmio de "Vídeo do Ano". Nessa categoria, ela concorreu com Katy Perry e sua "Firework". As duas moças também competiriam, pau a pau, em mais seis categorias: "Melhor Vídeo de Cantora", "Melhor Música Popular", "Direção de Arte", "Cinematografia", "Direção" e "Edição". Outros indicados de renome eram Kanye West, Beyoncé, Eminem, Thirty Seconds to Mars e Nicki Minaj. Adele declarou estar "embasbacada" com as indicações e mandou "meus parabéns a Sam Brown, o diretor de 'Rolling in the Deep'". Logo, foi chamada para cantar durante a cerimônia de premiação, unindo-se a artistas como Chris Brown e Lil Wayne.

Naquela mesma semana, ela soube que tinha sido indicada para outro prêmio ainda mais prestigioso: o Mercury Prize, por *21*. Ela enfrentaria uma concorrência acirrada com PJ Harvey, Elbow e outros nove artistas. "Estou incrivelmente feliz por ter sido indicada para o Mercury. Muito obrigada, isso foi totalmente inesperado", escreveu em seu blogue. "Eu fiquei sabendo ontem, enquanto voltava de Paris." Ela desejou tudo de bom aos outros indicados e "boa sorte" à banda *indie* Wild Beasts.

Mais uma vez, as reações à indicação de Adele tiveram controvérsia. Tal fato não surpreende, já que os opositores já fazem parte do anúncio anual dos indicados ao Mercury. Dessa vez, insinuaram que era um erro incluir Adele nos indicados porque ela já havia recebido apoio da crítica e apoio comercial suficientes e os prêmios resultantes disso. Por que incluir um álbum tão comemorado e decorado?

Esses opositores não compreenderam bem a essência do Mercury. Desde sua criação, em 1992, quando foi vencido pela banda *indie* Primal Scream, o prêmio existe apenas para premiar a música britânica, e as indicações são feitas de acordo com a qualidade da música em si. Assim, tanto os artistas sem destaque quanto os famosos podem competir em igualdade. É por isso que, nos últimos anos, artistas desconhecidos e conhecidos já ganharam. Para cada desconhecido, como Antony and The Johnsons e Speech Debelle, houve ganhadores no auge de suas carreiras, como Franz Ferdinand e Arctic Monkeys.

O debate cultural a respeito do merecimento da inclusão de Adele ocorreu porque os críticos fizeram a lista de quem eles achavam que tinha mais chances de vencer. Adele era uma das favoritas, vindo atrás apenas de PJ Harvey, com o álbum *Let England Shake*. Conforme a discussão a respeito da inclusão de Adele continuava, talvez as pessoas estivessem perdendo de vista o tamanho de suas conquistas e de seu impacto na indústria da música.

Independentemente do que fizer ou de quais gêneros musicais tentar desenvolver, Adele sempre conseguirá resgatar alguns aspectos que a destacaram dos outros. Um dos principais produtores de *21*, Rick Rubin, provavelmente foi quem melhor descreveu isso: "Ela não tem o peso de muitos astros populares de hoje em dia porque realmente coloca a música, sua voz e as letras em primeiro lugar e entrega a alma com o que diz. Eu diria que ela faz a sua arte, que em nenhum momento parece um produto", declarou.

Essa sinceridade em seu trabalho foi, de fato, um bem poderoso para Adele. O século XXI, até agora, tem sido dominado pelo ceticismo cultural. As pessoas deixaram de acreditar que os astros populares estão realmente cantando ao vivo no palco, enquanto outras duvidam da autenticidade dos reality shows que lançam novos artistas todos os anos. Em uma época na qual a confiança é tão rara, Adele tem sido uma artista em quem as pessoas sentem que podem confiar.

    Seria difícil não amar uma pessoa que consegue ser tão divertida em entrevistas. Sua voz rouca, sua gargalhada alta e a capacidade de sempre fazer pensar a afastou quilômetros das estrelas cuja indiscutível boa aparência não combina com a personalidade. Por exemplo, um jornalista australiano perguntou a Adele, certa vez, se era difícil sair da cama cedo para cumprir um evento de promoção em um programa de televisão matinal. Pouco tempo depois, Adele desviou o assunto, seguindo em diversas direções. "Adoro cartões. Aqueles cartões de aniversário, sabe? Eu coleciono cartões. Tem um lugar em Londres, no Soho, que faz os melhores cartões, no andar de cima. Minha amiga me levou, ela sabe que amo cartões. No andar de baixo, um sex shop. Meu Deus, os brinquedos. Todos os meus melhores amigos são gays, eles adoram essas coisas. Eu vi cada coisa... nada normal. Fiquei impressionada!". Vamos torcer para que ela nunca mude.

    Adele diz que um dos maiores benefícios de sua carreira é ter a liberdade de incluir os amigos em seu caminho. Na BBC Radio 1, ela revelou a Chris Moyles e seus ouvintes: "Eu levei meus amigos a Nova York e os fiz ir a todos os shows. Acho que, no fim, eles estavam um pouco entediados. Consigo dividir as coisas com meus amigos, o que acho muito bacana, porque nunca pude fazer isso antes. Não gosto de falar sobre isso quando volto para casa, porque só falo sobre o que faço, sempre. Então, gosto de ser normal com eles".

    Esperamos também que ela continue fã dos artistas que admira. Adele frequentemente causa ansiedade nos fãs e admiradores que a conhecem pessoalmente. Ela entende isso muito bem, pois também sente. Em apenas uma noite nos Estados Unidos, ela viu uma constelação de estrelas a quem admirava. Sua animação e seu nervosismo ficaram claros: "Eu estava sentada a cerca de cinco fileiras de Etta James no show *Fashion Rocks*, em Nova York – quase morri, quase desmaiei", exagera. "Justin [Timberlake] estava a cerca de duas fileiras na minha frente e eu conseguia sentir o cheiro dele, que era fantástico. Rihanna foi muito legal ao falar sobre mim em uma entrevista, então eu queria me aproximar e dizer: 'Oi, Rihanna, sou Adele', mas fiquei muito nervosa. Eu acho o Chris Brown lindo e ele estava todo cheio de óleo, besuntado, estava perfeito. E no fim eu não falei 'oi' pra ninguém."

Uma minoria acredita que as cantoras de soul brancas se saem tão bem nas paradas britânicas por causa de um racismo inerente na indústria e na sociedade, de modo geral. E assim indicam Adele, Amy Winehouse e Duffy como prova – mulheres brancas cantando música negra. "Acho que é uma opinião válida e, se for verdade, isso é muito nojento", critica Adele. "Mas, apesar disso, não acho que seja o caso. Acredito que as pessoas ouvem o que é bom. Independentemente de você ser negro, branco, índio ou o que quer que seja, acho que, se você fizer um disco no qual as pessoas acreditam, pronto." Ela concorda com o fato de que "uma moça judia, uma ruiva e uma galesa" estarem dominando o gênero black é "esquisito", mas acha que isso não se deve a motivos obscuros.

Adele não tem permitido que o negativismo a desanime, mas nem todos os seus planos têm sido musicais. "Em cinco anos, eu gostaria de ter um filho", revelou em 2008. "Quero me estabelecer e constituir família, e gostaria de não ter de esperar muito." Também já falou sobre se mudar para Nashville, no Tennessee, para aprender sobre a música country. Lá, teria a chance de se inserir no gênero. Ela estava nos Estados Unidos quando concebeu seu segundo álbum, e o efeito americano ficou evidente nas músicas. Seria igualmente interessante se ela trabalhasse em Nashville. "Poderia tirar uns anos de folga e ver como é, para o meu terceiro álbum, talvez", diz.

Mas ela sentia falta do Reino Unido quando estava fora, mesmo quando a viagem durava apenas algumas semanas. Não era raro que seus compromissos profissionais durassem mais do que isso – geralmente duravam meses. Adele sentia muita falta dos produtos que comprava em sua cidade, como o amaciante de roupas Lenor, a geleia Flora e, de modo mais geral, pepinos em conserva. Ela pode ter se tornado uma artista importante nos Estados Unidos e em vários outros lugares, mas continua sendo britânica na essência.

Assim, talvez acabe ficando em casa para gravar o disco – literalmente, pois está planejando montar um estúdio em casa. Como sempre, isso tem a ver com manter o controle sobre as coisas. "Quero escrever tudo, gravar tudo, produzir e masterizar por conta própria. Acho que vai demorar muito mais porque quero fazer assim. Quando eu mudar de casa no verão, meu engenheiro de som vai me ajudar a montar um estúdio e me ensinar a usá-lo."

Graças à tranquila e leve transição de gênero entre *19* e *21*, muitas pessoas querem saber quais influências e estilos novos virão no terceiro álbum. Em entrevista para a *Rolling Stone*, ela comentou sobre a especulação com seu bom humor de sempre: "Acho que posso fazer um disco de hip-hop, porque escuto muito Nicki Minaj, Kanye West e Drake, entre outros", disse. "Não, duvido que farei um disco de hip-hop. Acho que não tenho ginga para isso, ainda por cima tenho sotaque. Seria irritante. Seria uma comédia se eu fizesse isso." Então podemos ficar tranquilos em saber que Adele não vai fazer raps a respeito de seus amigos nem vai usar correntes grossas e douradas no pescoço.

Adele também já mencionou que nunca faria um álbum inteiro de country. Ela sempre se sentiu mais tentada a fazer pop. Mas as enormes produções de palco que parecem ser obrigatórias no pop moderno fazem Adele desanimar. "Não gosto de altas produções", desabafa. "Eu me sinto mais à vontade em pé no palco com um piano do que com uma banda, dançarinos, coreografias e luzes piscantes... Adoraria fazer isso, mas quando me imagino fazendo, sinto vontade de me jogar de um prédio."

Quanto aos comentários a respeito do terceiro álbum, diz que pode ser lançado no começo de 2012. "Tenho cinco faixas prontas", revelou em maio de 2011. "Uma delas é bem animada, tipo *girl power*. Acrescentou que talvez faça um cover da faixa "Never Tear Us Apart", do INXS, que é "provavelmente, a minha música preferida de todas". E concluiu a respeito do trabalho em progresso: "O álbum todo terá um toque mais vivo". O público aguarda com muita expectativa.

Ela lidou com as próprias expectativas de maneira muito cuidadosa ao imaginar como o álbum seria aceito no mercado. "Não espero que meu próximo disco seja tão grande quanto este", disse, referindo-se às assombrosas vendas de *21*. "É impossível que seja." Seria muito útil para o processo de composição encontrar outro namorado e passar por dramas parecidos aos que inspiraram seus dois primeiros discos. "Espero pra cacete encontrar alguém nesse meio-tempo para ter sobre o que escrever. Porque, se eu estiver feliz, acho que não vou escrever mais nada!".

Essas afirmações dividiram os fãs de Adele: por um lado, eles desejam mais músicas do tipo, mas que fã de verdade desejaria que seu ídolo sofresse?

Talvez a solução seja Adele mudar a tradição e escrever músicas sobre coisas felizes. Seu lado moça delicada não acredita que esse esquema possa dar certo. "Seria uma merda se o meu terceiro disco fosse sobre a minha felicidade e sobre estar prestes a ser mãe", desabafa. Mas ela também não quer ser uma artista, como tantas outras, que, depois de se tornar rica e famosa, escreve a respeito dos supostos "desafios" da fama. Canções assim não tocam seus fãs, que não conseguem se identificar com o estilo de vida de uma estrela internacional. "Eu me irrito quando os artistas só escrevem sobre carros, limusines, hotéis, coisas chatas, como sentir saudade de casa, reclamações", relata. "Tenho uma vida de verdade sobre a qual escrever." Por outro lado, é claro que ela não destruiria um bom relacionamento para criar mais material a respeito de uma desilusão amorosa. "Ainda não, talvez daqui a uns dez discos", alega. "Se o relacionamento não for lá essas coisas, posso transformá-lo em algo ruim. Mas não farei isso se for muito bom."

Apesar de ter se tornado um símbolo para muitas mulheres deprimidas, é um erro descrevê-la como um tipo de mártir. Apesar de ter sido sincera ao contar o quanto os homens a tinham ferido, ela não se pintou como uma figura totalmente inocente nos relacionamentos fracassados. Na verdade, ela sempre foi a primeira a mencionar seus defeitos. "Eu achava que era uma ótima namorada, mas não sou nem um pouco, tenho os meus defeitos também", revela. "Crio muita expectativa. No namoro, não percebo isso. Crio muita expectativa, mas não conto ao homem. Eu nunca diria: 'Olha, adoraria que você fizesse tal coisa por mim'. Eu sempre reclamo, mas nunca digo na cara. E se alguém me perguntar: 'Por que simplesmente não fala pra ele o que deseja?', eu respondo: 'Bem, ele deveria saber, sentir'. Sei ser teimosa, muito, muito teimosa, mas apenas em meus relacionamentos. Acho que tudo o que faço é lindo, eu me considero a Princesa Diana."

Da mesma forma, seria um equívoco descrevê-la como uma purista ou esnobe musical. Muitos artistas importantes expressaram admiração por seu som clássico e sua performance discreta no palco, mas, como já vimos, Adele, como fã, sempre adorou o tipo de música com a qual os críticos a comparam. "Adoro músicas para colocar os peitos pra fora", ri. "Kate Perry, Rihanna, Britney Spears e Kylie são ótimas e fazem música pop. Acontece que não sou a pessoa certa para fazer como elas, por isso sigo o meu caminho. Sou muito fã de música pop. Adoro. Não escuto música como a minha. Parece que me ligo mais em música agitada."

É muito admirável ver uma artista com o caminho da cultura mais clássica aberto para ela dizer, de modo tão crível, que admira artistas como Perry e Rihanna. Se ela se rebelasse contra elas, seria apoiada por muitos. Mas não é o caso. Também não se tem a impressão de que ela esteja sendo apenas educada. Sua personalidade bem-humorada é, de fato, mais adequada para alguém do mundo pop.

A música de Adele poderia definir a segunda década do século XXI. Musicalmente, seus dez primeiros anos foram dominados por reality shows de música e bandas *indie*. Alguns desses artistas, em ambas as categorias, eram admiráveis. Leona Lewis, Girls Aloud e Alexandra Burke deram boa fama aos reality shows, enquanto os Strokes, os Libertines e os Arctic Monkeys foram bons exemplos de *indie rock*. No entanto, para cada um desses seis artistas admiráveis, houve muitos outros ruins. Conforme os dois movimentos se tornaram populares, o público foi se cansando deles. Quem mais poderia dar ânimo novo do que Adele? Cansado de artistas medíocres e sem graça? Adele é talentosa, cheia de personalidade e sem medo nenhum de criar confusão com suas opiniões. Enquanto isso, ela foi, em todos os sentidos, um contraste aos jovens magricelas populares que desesperadamente tentavam resgatar a animação dos primeiros anos dos Strokes. Apesar de ter começado a ser comparada com Amy Winehouse, Adele simplesmente havia ofuscado a todos. Ela continua sendo, como disse uma influente revista de música, mágica demais para ser comparada a alguém.

O tamanho de sua influência pode ser visto na popularidade de suas canções entre os esperançosos que tentam ser aprovados no *X Factor* e em outros programas de televisão do gênero, como *American Idol*. Neste, a participante Haley Reinhart cantou "Rolling in the Deep". Muitos candidatos, na temporada de 2010, também anunciaram que queriam cantar a música "Make You Feel My Love". Deixando de lado o fato de a canção ser uma versão cover da música originalmente escrita por Bob Dylan, o número de vezes que o pedido foi ouvido fez com que os produtores tivessem dificuldade em fazer um programa equilibrado.

Adele continuou a provar ser uma opção popular quando as audições começaram para a temporada de 2011 – e o nível das apresentações nem sempre representavam bem o seu material. "Este ano, os participantes têm assassinado a Adele", revelou o apresentador Dermot O'Leary durante as gravações.

As pessoas ficaram tão cansadas das tentativas frustradas que o apresentador Gary Barlow perguntava diretamente aos participantes se eles tinham outra opção. "Tem certeza de que é a melhor música?", perguntou a outro candidato que anunciou a intenção de fazer um cover de Adele. O apresentador experiente Louis Walsh tinha a mesma opinião: "Até agora, tem sido um assassinato cruel a Adele", disse no intervalo das gravações. "Eu adoro a Adele, ela é maravilhosa, mas você tem que ser muito bom se quiser cantar uma de suas músicas. A maioria das pessoas não está preparada para isso".

Em pouco tempo, os juízes e produtores pensaram em proibir os covers de Adele.

No entanto, quando um participante de reality show faz jus a uma música de Adele, a plateia fica encantada. Dois artistas conseguiram esse feito na televisão britânica: Rebecca Ferguson e Ronan Parke. Na temporada de 2010 de *X Factor*, Ferguson cantou "Make You Feel My Love" durante a etapa final, ao vivo. Com sua voz bonita, ela se saiu muito bem. Foi uma das apresentações menos vulneráveis de Ferguson. Walsh ficou impressionado: "Consigo imaginá-la assinando um contrato com uma gravadora". Até mesmo Simon Cowell ficou admirado. "Foi absolutamente fantástico", disse, afirmando que ela podia se tornar "embaixadora do Reino Unido".

No ano seguinte, no programa *Britain's Got Talent*, o cantor de 12 anos Ronan Parke também fez um cover de "Make You Feel My

Love". Foi surpreendente que um candidato tão jovem conseguisse cantar uma canção como aquela de modo tão brilhante. "Foi sem esforço", disse a juíza Amanda Holden.

Simon Cowell acrescentou: "Tenho que dizer que você totalmente matou a pau. E digo mais: se Adele estiver assistindo, acho que ela deve estar orgulhosa".

Adele está buscando mais felicidade em todos os aspectos de sua vida depois de passar por dois álbuns de enorme sucesso e imensa tristeza. Outro plano para o verão de 2011 era a tentativa de parar de comer carne. "Estou tentando ser vegetariana", disse em julho. "Sempre que estou prestes a comer carne, vejo os olhos de meu cãozinho." Ela também revelou que já tentou parar de fumar. Apesar de o tempo longe do tabaco ter melhorado sua voz, ela concluiu que a vida sem cigarros era um preço que não valia a pena ser pago. "Parei de fumar por meses", revelou em junho. "Foi horrível. Tive laringite cerca de uma semana antes de o álbum ser lançado e foi muito assustador. Parei de fumar, beber ou comer alimentos cítricos, apimentados e cafeína. Foi um saco. Quando meu álbum alcançou o primeiro lugar no Reino Unido e nos Estados Unidos, fiquei trancada em meu quarto vendo televisão, porque não podia sair e conversar com ninguém! Minha voz ficou melhor quando eu não estava fumando. Dentro de uma semana, percebi que ela mudou, mas prefiro que a minha voz seja uma merda para eu poder dar risada!".

Ela tem consciência de que é um modelo para muitas pessoas. As mães costumam abordá-la na rua para dizer que ficam felizes com o fato de as filhas serem fãs dela. Para Adele, isso trouxe um peso de responsabilidade com o qual ela não se sente totalmente à vontade. "É meio preocupante", diz. Isso explica muito a sua personalidade realista, e também porque não se leva muito a sério quando se apresenta na imprensa. "Às vezes, recebo cartas de pessoas que me pedem autógrafos nas fotos de casamento porque a música do relacionamento delas é 'Make You Feel My Love', aí eu começo a chorar e cedo o autógrafo."

Adele continua sendo uma heroína relutante, que gosta de derrubar os pedestais sobre os quais os fãs podem colocá-la. Continua se sentindo incomodada com alguns fatos da fama – especialmente por ser seguida por pessoas desconhecidas. "Outro dia, eu estava no norte e havia uns fãs, bem, não posso chamá-los de fãs, mas uns perseguidores", disse ao *The Sun*. "Eu entrava em algum lugar, eles entravam também. Eu saía do lugar, eles saíam também. E então eles começaram a tirar fotos de meu cachorro fazendo cocô e coisas assim. Foi bem esquisito. Eu estava sozinha levando o Louis para passear. Um deles entrou no elevador comigo e fiquei bem assustada. Felizmente, havia um faxineiro no mesmo andar que eu. Eu fiquei pensando: já imaginou ser alguém como Cheryl Cole, Katy Perry ou Gaga, sem conseguir ter um dia normal? Isso me mata de medo. Acho que não conseguiria continuar fazendo música se as coisas chegassem a esse ponto. Acho que nunca vai acontecer. Não acho que sou o tipo de artista com quem isso acontece."

Fora de sua carreira, o desejo de continuar sendo uma pessoa comum é prioridade. Adele já falou sobre detestar imaginar que a fama pudesse mudá-la, como já fez com tantas outras estrelas. Insiste em dizer que nunca foi mais normal na vida desde que se tornou uma figura conhecida no mundo. Mas ela é uma mulher esperta e por isso já conhece bem as armadilhas que a esperam. Às vezes, ela diz que já se pegou interpretando. Um dia, durante uma sessão de fotos longa e cansativa, ela estava sentada em uma escada, fumando um cigarro, que caiu de sua mão acidentalmente. Ela pediu que uma das pessoas de sua equipe o pegasse e o devolvesse a ela. Seu pedido foi ignorado e negado.

Ela ainda tenta ignorar os elogios e as críticas às suas músicas. Nesse momento de sua carreira, ela ouve mais elogios, apesar de haver críticas, e ela sabe bem que às vezes poderá ouvir mais. Para qualquer artista, a melhor solução é não se importar nem com os elogios nem com as críticas. "Essas coisas entram por um ouvido e saem pelo outro. Tenho só 23 anos, por isso essas coisas não me interessam! Eu amo cantar, sabe?", alega. "Fico feliz por deixar tantas pessoas orgulhosas na Inglaterra. Nunca vi a minha mãe tão feliz. Ela diz: 'Caramba, isso é bem bacana, com certeza, Adele'. Isso me deixa... muito emocionada, de verdade. É bem emocionante. É extremo. Eu não estava esperando fazer tanto sucesso assim", confessa.

Quem espera que Adele nunca mude o básico da personalidade que a torna uma pessoa admirável e atraente ficará aliviado ao saber que ela não quer deixar isso acontecer. Durante os anos de celebridade, já observou diversas pessoas que se tornaram falsas ou arrogantes por causa da popularidade e do dinheiro. Ela diz que espera não ficar assim e até tem um plano para se, por acaso, começar a mudar. "Já conheci pessoas que admiro e que não admiro que foram totalmente afetadas por seu sucesso, e eu odeio todas elas. Há tanta gente que se julga superior e trata as pessoas como lixo, e, se um dia eu ficar desse jeito, pararei o que estou fazendo por um tempo para me encontrar de novo. Acho bizarro quando as pessoas mudam por causa isso, mas talvez isso aconteça porque elas não conseguem manter-se em contato com as pessoas que as amam, por algum motivo."

Com isso, ela volta para onde essa história começou. Para sua família e amigos mais próximos. As pessoas que estão presentes desde o começo e cujo amor e apoio levarão Adele a patamares cada vez mais altos. Independentemente das viradas e mudanças que lhe aconteçam, vamos torcer para que Adele continue sendo... alguém como você.

FONTES

Blues & Soul
Flux & Net
ClaytonPerry.com
MusicSnobbery.com

(FOTOS)

APRESENTAÇÃO NA APPLE STORE NO SOHO, NOVA YORK (NOVEMBRO/2008).

EM MOMENTO DE DESCONTRAÇÃO.

ADELE SE APRESENTA NO MTV VIDEO MUSIC AWARD.

NOTÁVEL CANTORA BRITÂNICA ESGOTA OS INGRESSOS EM SHOW REALIZADO EM NOVA YORK.

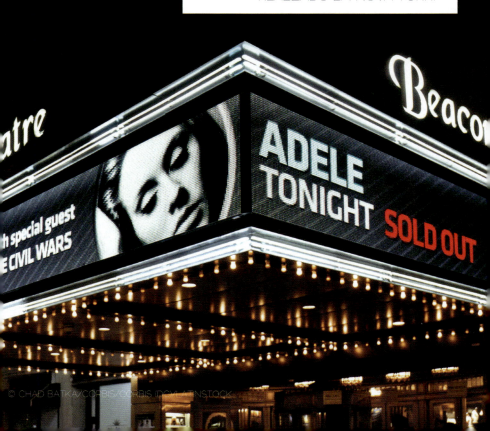

TODA A EMOÇÃO AO
INTERPRETAR SUAS MÚSICAS.

© MALTE CHRISTIANS/DPA/CORBIS/CORBIS (DC)/LATINSTOCK

PRIMEIRO SHOW DE ADELE NA ALEMANHA.

APRESENTAÇÃO DE DARIUS RUCKER E ADELE NO EVENTO CMT ARTIST OF THE YEAR.

ADELE E SEU PRÊMIO DE "ARTISTA REVELAÇÃO" NA 51ª EDIÇÃO DO GRAMMY, FEVEREIRO DE 2009.

POSA PARA FOTÓGRAFOS NO MTV VIDEO MUSIC AWARD.. FEVEREIRO DE 2011

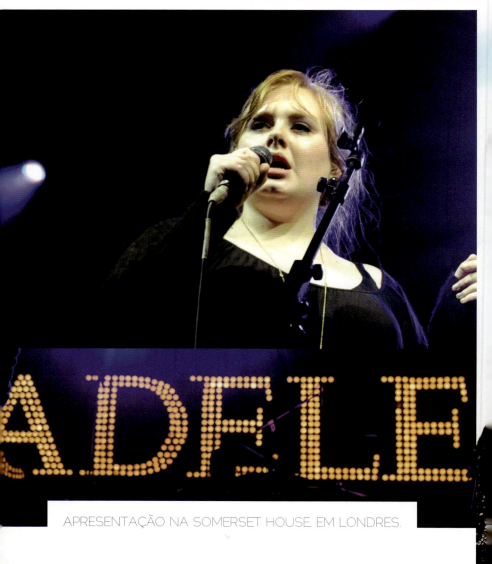

APRESENTAÇÃO NA SOMERSET HOUSE, EM LONDRES.

ADELE NA PREMIAÇÃO DO MERCURY PRIZE AWARD, EM LONDRES FEVEREIRO DE 2009.

TODA ORGULHOSA SEGURANDO SEUS DOIS GRAMMY CONQUISTADOS EM 2009.